京都・奈良 ぶらり
自転車散走

Let's go out by bicycle

和田義弥　多賀一雄　上司辰治　著

京都・奈良ぶらり自転車散走

京都索引図……04

奈良索引図……06

散走のおもしろさと、本書の使い方……08

Special 1　京都自転車散走スペシャル
レンタサイクルでお気軽散走。京都一番人気、清水寺と祇園界隈……10

Special 2　奈良自転車散歩スペシャル
奈良公園からならまちへ。世界遺産を走ろう……18

京都

01	金閣寺から嵐山へ。京都GOLDENコース……26
02	京都駅周辺をのんびり走る名所・旧跡めぐり……30
03	壬生から木屋町界隈へ。幕末、維新の史跡を駆ける……34
04	京都の伝統文化に身近に触れる……38
05	西陣のディープスポットをめぐればこれであなたも京都通……42
06	洛東の名刹をめぐる琵琶湖疏水沿いの道……46
07	洋菓子から和菓子まで。食べ歩き自転車散走……50
08	比叡山麓の景勝地、洛北の名園を訪ねて……54
09	洛北で自然豊かな風景に触れる……58
10	鈴虫寺、苔寺、竹の寺。洛西の深い緑に包まれた古刹をめぐる……62
11	水に由来する地、とっておきの伏見……66
12	宇治川に沿って、世界遺産と源氏物語ゆかりの舞台を走る……70

CONTENTS

奈良

- 13 いにしえの都、平城京をめぐる……76
- 14 城下町・大和郡山の自然と金魚の町を楽しむ……80
- 15 法隆寺周辺の世界遺産をめぐる歴史散走……84
- 16 石上神宮から龍王山麓の古墳地帯へ、山の辺の道を行く……88
- 17 日本の太古に触れる古道を走る……92
- 18 馬見丘陵周辺の古墳めぐりと飛鳥葛城自転車道……96
- 19 ぐるり大和三山。橿原の歴史街道……100
- 20 古代日本の原点、明日香の歴史と魅力を探訪……104
- 21 二上山を仰ぎ見て走る中将姫伝説の地、當麻……108
- 22 かぎろひ立つ万葉の里と江戸時代の城下町、大宇陀を行く……112

ルールを守って楽しく、安全に……24
京都・奈良レンタサイクル情報……74

京都・奈良サイクリングロード……116

これがあればもっと楽しくなる、快適サイクリングギア……118
散走を安全快適に、自転車に乗る前にチェックしよう……120
知っていれば役に立つ、自転車メンテナンスの基本……122
慣れば5分でできる、パンク修理……124
電車で出かけよう、輪行の方法……126

京都・奈良自転車散走
京都索引図

かつらがわ
らくさいぐち
吉祥院
かみとばぐち
上鳥羽
伏見稲荷大社
大石神社
名神高速道路
おの
勧修寺
随心院
大原野
久世
むこうまち
ひがしむこう
上羽町
東海道新幹線
京都南IC
竹田
城南宮
ふかくさ
いなり
ふじのもり
たけだ
藤森神社
深草
京都教育大
JRふじのもり
伏見桃山GC
だいご
醍醐寺
地下鉄東西線
向日市
中島
小塩町
十輪寺
向日町
にしむこう
桂川PA
久我
ふしみ
たんばばし
伏見桃山城
伏見
ももやま
小栗栖
山科川
いしだ
日野
一言寺観音(金剛王院)
454
醍醐山(上醍醐)
東海道本線
長岡京市
長岡
下鳥羽
羽束師
11
ふしみももやま
ちゅうしょじま
京阪宇治線
ろくじぞう
石田
法界寺(日野薬師)
ながおかてんじん
長岡天満宮
ながおかきょう
横大路
伏見区
桂川
向島
木幡
こはた
高台
阪神高速京都線
近鉄京都線
京都文教大
宇治CC
宇治川
むかいじま
小倉神社
大山崎JCT(IC)
大山崎町
納所
京阪本線
京都競馬場
巨椋池IC
京都府
黄檗山萬福寺
おうばく
宇治トンネル
宇治西IC
京滋バイパス
志津川
天王山
270
よど
東一口
巨椋IC
宇治東IC
大阪府
12
三室戸寺
小倉町
やまざき
久御山IC
久御山JCT
けいはんうじ
島本町
しまもと
久御山淀IC
おぐら
うじ
宇治上神社
平等院
第二京阪道路
久御山町
JRおぐら
伊勢田町
南陵町
やわたし
木津川
はしもと
橋本
石清水八幡宮
いせだ
天ケ瀬ダム
171
淀川
みなせ
新田
宇治市
天ケ瀬森林公園
枚方市
八幡市
久御山南IC
おおくぼ
しんでん
山城総合運動公園
24
1

京都府
大阪府
精華町
精華学研IC
京奈和自動車道
山田川IC
木津IC
木津川市
木津
木津川
にしきづ
きづ
かみこま
奈良線
かも
関西本線
鹿背山
高田
岩船
卍岩船寺
浄瑠璃寺卍
阪原
須川
大柳生
卍南明寺
卍笠置寺
柳生下
高山
南田原
近鉄けいはんな線
卍長弓寺
がっけんなら
とみがおか
押熊
近鉄京都線
ならやま
般若寺卍
369
円成寺卍
忍辱山
奈良奥山ドライブウェイ
水間
不退寺卍
きんてつなら
卍東大寺
興福寺卍
なら
Ꮏ春日大社
奈良公園
卍新薬師寺
卍白毫寺
Special 2
秋篠寺卍
やまとさいだいじ
法華寺卍
平城宮跡
西大寺卍
しんおおみや
あまがつじ
卍唐招提寺
にしのきょう
卍薬師寺
13
あやめいけ
がくえんまえ
近鉄奈良線
とみお
阪奈道路
いこま
なばた
宝山寺卍
642 生駒山
生駒市
壱分IC
帝塚山
東生駒
宝来IC
霊山寺卍
中町IC
第二阪奈道路
308
近鉄生駒線
168
163
暗峠
信貴生駒スカイライン
きょうばて
鹿野園
奈良市
別所
茗荷
柏ノ川
都祁馬場
卍正暦寺
東明寺卍
大和民俗公園
郡山城跡
こおりやま
きんてつこおりやま
大和郡山市
14
24
矢田寺卍(金剛山寺)
もとさんじょうぐち
松尾寺卍
慈光院卍
平群町
へぐり
おびとけ
弘仁寺卍
櫟本
いちのもと
25
五ケ谷IC
高峰山 632
福住
針
岩屋
天理IC
天理東IC
福住IC
一本松IC
名阪国道
法輪寺
卍法隆寺
ほうりゅうじ
15
斑鳩町
関西本線
やまとこいずみ
つつい
近鉄橿原線
横田
西名阪自動車道
郡山IC
ひらはた
卍額安寺
郡山南IC
二階堂
てんり
桜井線
石上神宮
天理市
苣原
信貴山
たつたがわ
卍朝護孫子寺
三郷町
おうじ
龍田大社
さんごう
安堵町
法隆寺IC
川西町

京都・奈良自転車散走 奈良索引図

散走のおもしろさと、本書の使い方

【散走】

散歩の気分でサイクリングを楽しむ、それが「散走」です。

この本では、京都と奈良の市街地から、ちょっと郊外まで自転車散走が楽しそうなエリアを、寄り道したいスポットやいつも何気なく素通りしそうな風景なども交えながらガイドしました。そのため、設定した走行距離も時間もやや短め。途中、気に行ったお店を覗いてみたり、お寺や神社で歴史に触れてみたり、あるいは古都の風景をのんびり楽しむゆとりも十分にあります。

本書では24のコースを設定して紹介していますが、このコースを参考に、自分スタイルの散走コースを見つけてみるのも楽しいはずです。風の吹くまま気の向くままぶらりぶらり。決められたコースをたどるだけではないから「散走」はおもしろいのです。

【本書の記事やデータなど】

●記事

本書の記事は2010年２月から４月にかけて実走取材したデータをもとにしています。本書で紹介している情報等は、時間の経過によって変更になっている場合もあります。また、各施設の利用料金は原則として大人１名の料金を紹介しています。

●データ

①距離＝モデルコースの距離は、サイクルコンピュータおよび地図ソフト等によって計測していますが、多少の誤差はあります。

②走行時間＝１km５分を基準にしたゆとりをもった設定にしています。ただし、途中の休憩時間や施設等の見学時間は含まれていません。それぞれの区間の所要時間は目安としてください。

③コース高低図＝表中、横軸・走行距離と縦軸・高低差は同一縮尺ではないため、コースによっては、道路の傾斜などがやや誇張されている部分もあります。

●本文と地図

本文記事中①～⑥のポイントと、地図中①～⑥は同じ場所です。

●地図

地図中の信号機は主要交差点を中心に、コース中、必要な信号機を表示しています。すべての信号機を表示しているわけではありません。

●そのほか

自転車は基本的には車道の左側走行です。自転車走行可の指示がある歩道や、危険と感じたりした場合は歩道を走ることはできますが、歩道上はあくまで歩行者優先ということを肝に銘じましょう。もちろん、自転車は軽車両に属する乗り物なので、信号や一時停止を守るのは当然のこと、夜間は前照灯、尾灯もつけなければなりません。交通法規を守って、楽しい散走を。

主な地図記号

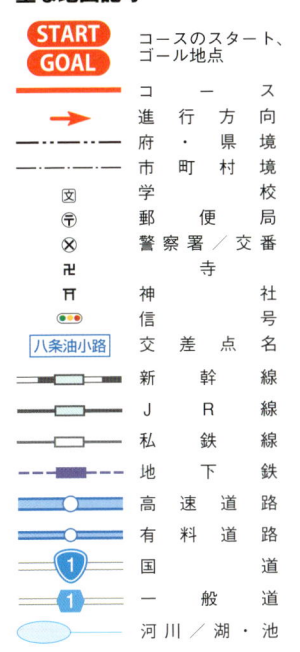

START GOAL	コースのスタート、ゴール地点
	コース
	進行方向
	府・県境
	市町村境
文	学校
〒	郵便局
⊗	警察署／交番
卍	寺
⛩	神社
	信号
八条油小路	交差点名
	新幹線
	JR線
	私鉄線
	地下鉄
	高速道路
	有料道路
1	国道
1	一般道
	河川／湖・池

Special 1

京都市下京区、東山区

レンタサイクルでお気軽散走
京都一番人気、清水寺と祇園界隈

清水寺、高台寺周辺の人気エリアから、格子戸の家が続く祇園白川へ。
歴史的町並みに、賑やかさと華やかさが溢れる、京都らしさいっぱいの約10.5km。
ツアーガイドの案内でめぐる魅力いっぱいのレンタサイクル散走。

三十三間堂。朱色の塀が続く。本堂は南北120mと長大で、堂内に並ぶ1000体の観音立像は圧巻。

Special 1

レンタサイクルでお気軽散走
京都一番人気、清水寺と祇園界隈

（上）京都サイクリングツアープロジェクトで自転車を借りて、いざ出発。☎075-354-3636、http://www.kctp.net/（下）東本願寺南側の路地を塀に沿って走る。東本願寺の御影堂は世界最大級の木造建築物だ。

伏見城落城の際の廊下の板を使用した血天井で知られる。㊐＝9:00～16:00／㊡＝1月、5月、9月の21日午後／㊎＝500円／☎075-561-3887

京都観光に自転車が向いている理由はふたつある。

ひとつは見どころが広い範囲に点在していることだ。例えば、京都駅から清水寺までは約3km、銀閣寺までは約8kmある。徒歩ではつらい。といって、クルマは渋滞するし、駐車場の確保も必要。地下鉄やバスはちょっと不便。そこで自転車だ。渋滞の心配もなく、楽に、自由に、移動できるのである。

もうひとつは風情ある路地や、川沿いに気持ちのいい遊歩道が整備されている点だ。自転車だからこそ出会える風景がそこにはある。

しかし、遠方から電車などを利用して訪れる場合、自転車を持っていくのは大変。輪行バッグに収納しても大きな荷物だし、電車が混雑していると他の乗客にも迷惑がかかる。

そこで、利用したいのがレンタサイクル。「京都サイクリングツアープロジェクト」は、JR東海道本線京都駅から徒歩5分とアクセスが便利で、ガイドツアーも行なっている。効率よく自転車観光をしたいという人にはおすすめである。

今回はガイドさんに京都で最も人気のある清水寺と祇園界隈を案内してもらった。

清水寺へは近くの駐輪場に自転車を止めて徒歩で。清水の舞台からの景色は絶景だ。㊐＝6:00～18:00／㊡＝無休／㊎＝300円（夜間など特別拝観は別途）／☎075-551-1234

3 八坂の塔

法観寺に建つ八坂の塔は、東寺や奈良の興福寺に次いで日本で三番目に高い五重の塔だ。開＝10:00〜16:00／㊡＝不定休／¥＝400円／☎075-551-2417

（上）ちょっと休憩。八坂の塔の近くにある甘味処・下河原阿月で焼きたての三笠（どら焼き）を購入。（下）ねねの道。高台寺西側を南北に延びる道で、豊臣秀吉の正妻ねねが歩いたという。石畳で趣がある。

円山公園。園内は自転車を降りて。サクラの名所で、なかでも「祇園の夜桜」と呼ばれるシダレザクラはひと際きらびやか。

4 知恩院

浄土宗の総本山。巨大な三門は国内最大級の大きさを誇る。開＝9:00〜16:00／¥＝方丈庭園400円、友禅苑300円、2庭園共通500円、境内無料／☎075-531-2111

5 祇園界隈

石畳の道が延び、格子戸の家が並ぶ。川端通から巽橋まで白川沿いのサクラ並木を走る。

Special 1
レンタサイクルでお気軽散走 京都一番人気、清水寺と祇園界隈

祇園界隈では舞子さんに変身して歩いている人も多い。が、ときどき本物に出会うことも。

祇園白川から鴨川へ。ガイドが走りやすい道を選んでくれるので、ムダがない。

ガイドさんの案内があると、クルマの少ない道を選んでくれ、路地もスイスイ抜けていくので心強い。隠れた見どころも教えてくれるので、楽しさも膨らむ。

東本願寺、三十三間堂、豊国《とよくに》神社などに立ち寄って、五条坂から清水寺②へ。清水寺周辺は坂や階段が多く、観光客も大勢いるので、実は自転車ではちょっと散策しにくい。駐輪場に止めて、徒歩で観光するのが賢い方法だ。気軽に乗り降りできる自転車ならではの楽しみ方だ。ねねの道や石塀小路《いしべこうじ》などもゆっくり見たい趣のある道。自転車を押して歩こう。

京都にはおいしい店も充実。立ち寄ったのは甘味処・下河原阿月。軽やかな甘さの三笠が散走のおやつに最適だ。

円山公園で軽く休憩し、知恩院④の巨大な三門に感嘆の声をあげ、祇園界隈⑤へ。

白川のサクラ並木、石畳の路地、格子戸や犬矢来のある茶屋、着物を着て歩く人なども見られ、京都らしい雰囲気いっぱいのエリアである。

京都駅からここまで約6.6km。自転車だと移動はアッという間だ。その上、じっくり観光もできて、京情緒を満喫できる。自転車観光の楽しさは、走ってみればよく分かるはずだ。

楽しい時間は過ぎるのが早い。川沿いの遊歩道(自転車走行可)を走って京都駅に戻ろう。

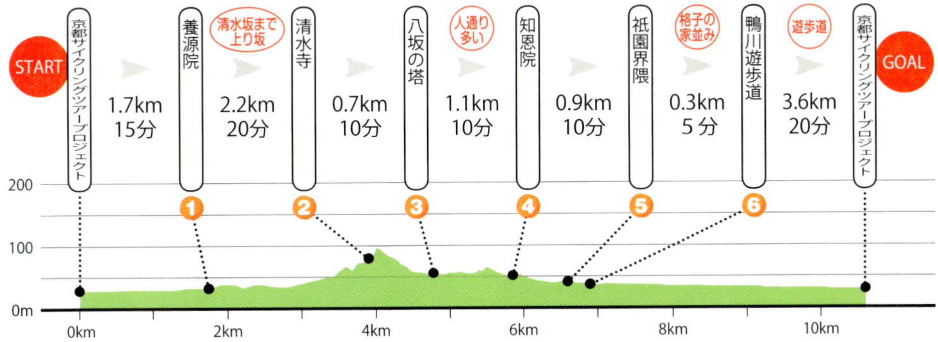

special 1 レンタサイクルでお気軽散走。京都一番人気、清水寺と祇園界隈

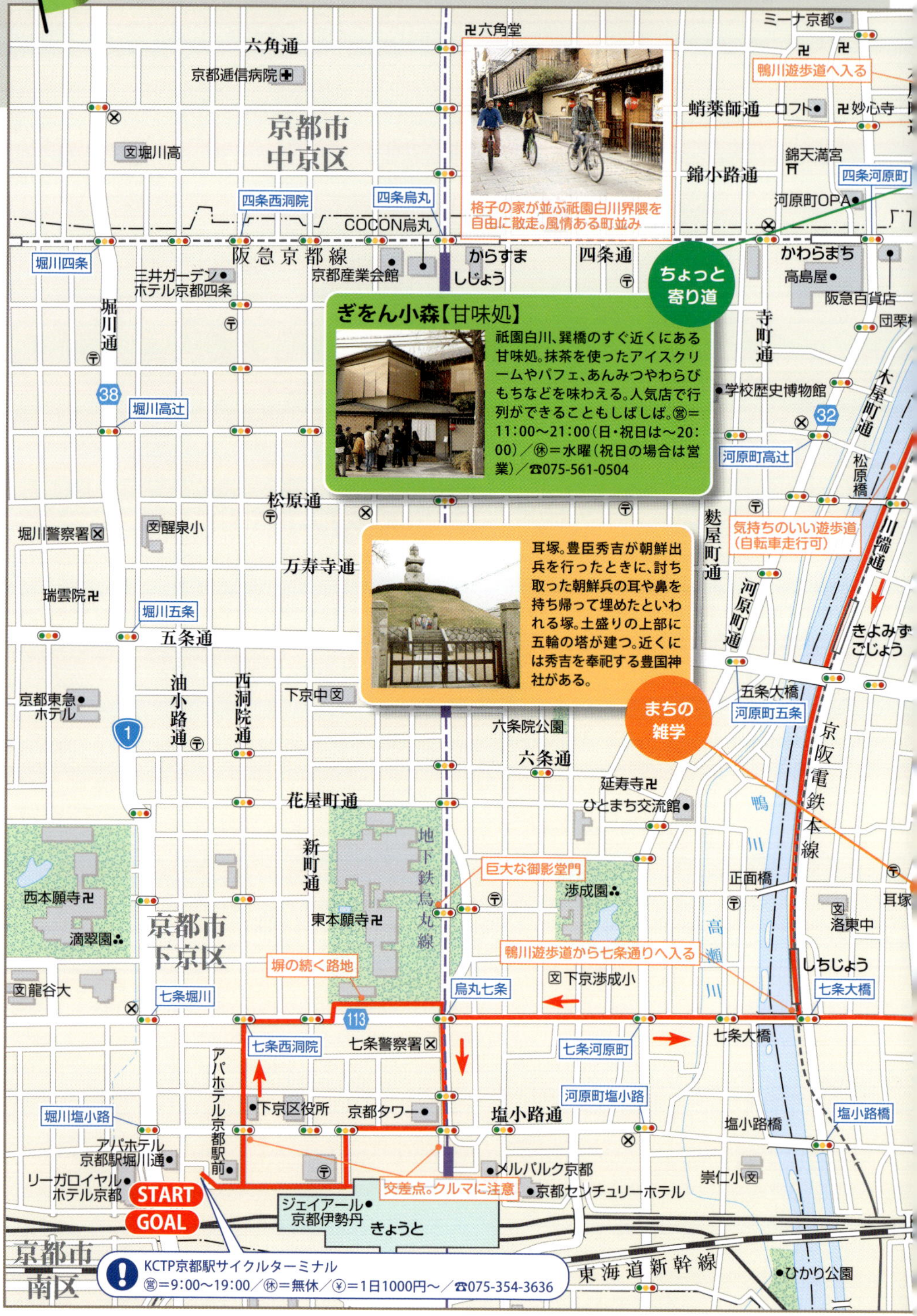

格子の家が並ぶ祇園白川界隈を自由に散走。風情ある町並み

ちょっと寄り道

ぎをん小森【甘味処】

祇園白川、巽橋のすぐ近くにある甘味処。抹茶を使ったアイスクリームやパフェ、あんみつやわらびもちなどを味わえる。人気店で行列ができることもしばしば。㊟=11:00～21:00(日・祝日は～20:00)／㊡=水曜(祝日の場合は営業)／☎075-561-0504

まちの雑学

耳塚。豊臣秀吉が朝鮮出兵を行ったときに、討ち取った朝鮮兵の耳や鼻を持ち帰って埋めたといわれる塚。土盛りの上部に五輪の塔が建つ。近くには秀吉を奉祀する豊国神社がある。

! KCTP京都駅サイクルターミナル
㊟=9:00～19:00／㊡=無休／¥=1日1000円～／☎075-354-3636

華頂道に突然そびえる大きな門。真っ直ぐ進めば祇園白川だ

下河原阿月【甘味処】

下河原通にある甘味処。豆にこだわった三笠（どら焼き）が人気。白あんと黒あんがある。ぜんざいやあんみつなどのメニューもあり、店内で食べることができる。㊕＝9:00～17:30／㊡＝水曜／☎075-561-3977

清水寺には駐輪場がないので、清水坂観光駐車場を利用。自転車200円

ならまち。迷路のような路地に
古い町家が並ぶ。

Special 2

奈良市

約8.6km
約1時間35分

奈良公園からならまちへ世界遺産を走ろう

鹿たちが遊ぶ奈良公園で興福寺、東大寺、春日大社などの世界遺産をめぐり、
江戸時代末から明治にかけての町家の面影を今に伝えるならまちへ。
初めて奈良に訪れたらまずはここから。見どころいっぱいの王道コース。

興福寺から東大寺までは奈良公園の中を走り抜けていく。
園内には奈良国立博物館などもある。

① 興福寺

近鉄奈良駅をスタートしたら、まず向かうのは興福寺。シンボルの五重塔は高さ50.1m。(開)＝9:00～17:00／㊡＝無休／(¥)＝東金堂300円、国宝館600円、境内自由／☎0742-22-7755

奈良公園。総面積約660haの広大な地域にまたがる歴史公園。あちらこちらで野性の鹿が遊んでいる。

② 東大寺

境内は鹿がいっぱい

南大門。参道は人も多いが、鹿も多い。駐輪場に自転車を止めて大仏殿に向かおう。(開)＝7:30～17:30（10月は～17:00、11月～2月8:00～16:30、3月は8:00～17:00）／㊡＝無休／(¥)＝大仏殿500円／☎0742-22-5511

世界遺産目白押しの奈良公園と路地に古い町家が軒を連ねるならまちは、奈良散策の大定番である。近鉄奈良線近鉄奈良駅を起点に東大寺や春日大社、ならまちなどをめぐると約8.6km。とにかく見どころが多いので、ゆっくり観光することを考えれば、1日の散走にはちょうどいい距離だ。

まず、立ち寄りたいのは興福寺①。駅からは10分とかからない。高々とそびえる五重塔を目指して走ろう。藤原氏の氏寺で世界遺産。多くの仏像を安置し、なかでも憂いを帯びた表情の阿修羅像は名高い。境内には鹿が群れている。鹿せんべいを売る屋台の前に集まって、誰かがそれを買って与えてくれるのを待っているので、野性とはいえ、人慣れした鹿たちである。

奈良公園を通り抜けて、次に目指すのは東大寺②。南大門に続く参道は、たくさんの観光客でいつも賑わっている。高さ約15mの大仏を安置する大仏殿は、世界最大級の大きさを誇る木造建築物だ。南大門の前に無料の駐輪場があるので、自転車を止めてゆっくりと見学しよう。

（上）東大寺南大門前の駐輪場。大仏殿を見学する際にはここに自転車を止めて歩こう。（下）正倉院から二月堂への道は階段。自転車は階段の端を押して進める。

3 春日大社

神護景雲2年（768）創建。深い緑に包まれて建つ朱色の社殿がひと際鮮やか。㊡＝6:30〜17:30（11月〜3月は7:00〜16:30）／㊡＝無休／㊎＝本殿前特別参拝500円、宝物殿400円、境内無料／☎0742-22-7788

春日大社表参道にある春日荷茶屋で休憩。万葉集にちなんだ旬の野菜が入った万葉粥を食べる。

春日大社から新薬師寺までは森の中の未舗装路。幹周り3mを超えるイチイガシの巨樹が群生。

Special 2 奈良公園からならまちへ世界遺産を走ろう

4 新薬師寺

天平19年（747）創建。金堂の薬師如来像の周りには、わが国最古最大の十二神将立像が立つ。㊡＝9:00〜17:00／㊡＝無休／㊎＝600円／☎0742-22-3736

ちょっと寄り道をしてお買い物。「風の栖」。ナチュラルでかわいらしい洋服や靴、小物などを扱うお店。(営)＝11:00～日没／㊡＝月曜／☎0742-20- 6887

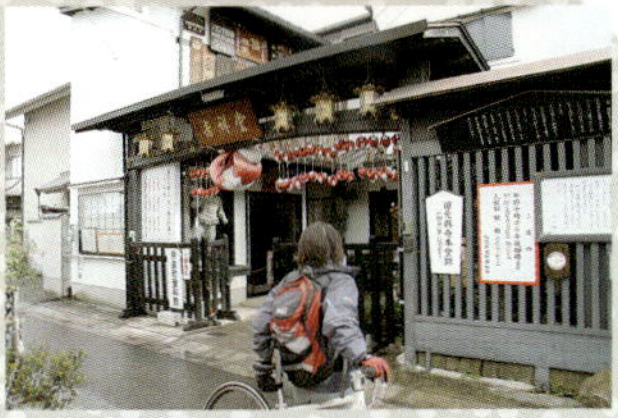

ならまち資料館。ならまちの民俗資料や元興寺ゆかりの仏像などを展示。身代わり申の販売もしている。(開)＝10:00～16:00／㊡＝月～金曜（祝日の場合は開館）／(¥)＝無料／☎0742-22-5509

5 ならまち格子の家

伝統的な町家を再現した趣ある建物。箱階段など昔の生活様式に触れられる。(開)＝9:00～17:00／㊡＝月曜（祝日の場合は翌日）、祝日の翌日（土・日曜の場合は開館）、年末年始／(¥)＝無料

自転車を押して、南大門の脇を通り抜け、大仏殿西廻廊の塀に沿って進むと裏参道。人もまばらで、石畳の小道がいい雰囲気だ。正倉院に立ち寄った後、二月堂や法華堂（三月堂）に向かう。途中に階段があるが、斜路を押して上ることができる。

若草山の麓を南へと走れば春日大社③。深い森の中に延びる散歩道をたどって高畑町へと抜けよう。かつて神官たちが暮らした旧社家町で土塀が連なる味わい深い町である。ところどころに新薬師寺や志賀直哉旧居、白毫寺などへの案内があるので、それぞれの見どころへはそれに従って進めばいい。

ならまちは高畑町の西に位置する、およそ1km四方に広がる歴史的町並みで、かわいらしい雑貨屋や町家を改装したカフェなども多い。寄り道しながら、のんびりと路地を行く。ちょっとくらい迷っても、曲り角の先に何か発見があるかもしれない。それこそ散走の楽しみなのである。

6 元興寺

日本初の本格的寺院、法興寺（飛鳥寺）が平城遷都で移転された寺で、南都七大寺のひとつ。(開)＝9:00～17:00／㊡＝無休／(¥)＝400円（特別展期間は別料金）／☎0742-23-1377

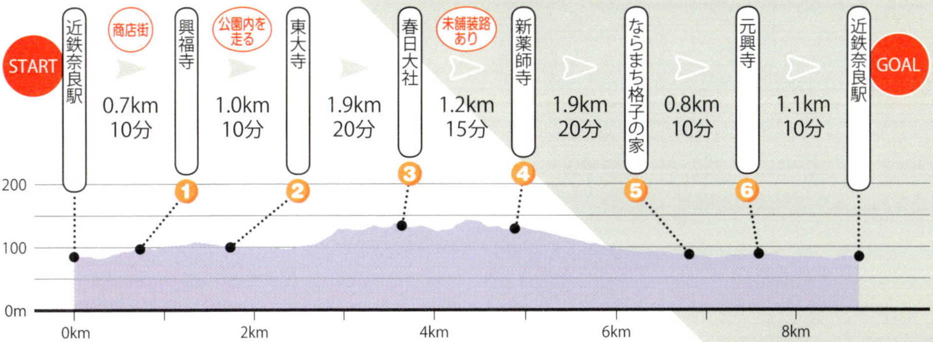

special 2 奈良公園からならまちへ。世界遺産を走ろう

ノモケマナ【パン】

自家製天然酵母と無農薬、有機栽培の小麦を使ったパン屋さん。シンプルなフランスパンやライ麦のどっしりとしたうま味のあるドイツパンなどが揃う。ジャムやクリームも手作り。営=9:00〜19:00／休=火・水曜／☎0742-24-4560

ちょっと寄り道

ならまちでしばしば目にする、赤いぬいぐるみ。これは「身代わり申」と呼ばれるお守りで、魔除けを意味し、家のなかに災難が入ってこないように軒先に吊るしているという。

まちの雑学

ならまち。江戸時代の町のような風情がある

雑司町
知足院
正倉院
龍松院
大仏殿の眺めよい
階段はスロープを押して
奈良奥山ドライブウェイ
N
0
100
500m
1:12,000
大仏池
風情ある小道
大仏殿
宝珠院
中性院
開山堂
二月堂
法華堂(三月堂)
2
東大寺
戒壇院
観音院
手向山八幡宮
西塔跡
鏡池
東塔跡
自転車は押して徒歩で
みやげもの屋の並ぶ道
東大寺福祉療育病院
東大寺本坊
上り下りの起伏あり
寧楽美術館
南大門
東大寺図書館
依水園
駐輪場
奈良公園シルクロード交流館
樹齢400年のシダレザクラ
鹿、歩行者多い
氷室神社
奈良国立博物館
大仏殿
新公会堂
春日荷茶屋【食事処】
昆布だし、白味噌仕立ての万葉粥は添えられる野菜が月ごとに変わる。柿の葉すしと季節の葛餅などがセットになった大和名物膳なども。(営)=10:00～16:00／(休)=月曜(4月、5月、10月、11月は無休)／☎0742-27-2718
ちょっと寄り道
交差点、クルマ注意
春日大社神苑
表参道
3
宝物殿
春日大社
春日山 297▲
石燈籠が並ぶ
奈良公園
飛火野
浮見堂
鷺池
鷺原道
ささやきのこみち
若宮神社
奈良市
イチイガシの巨樹
春日大社から新薬師寺までは、森のなかを抜けていく
土塀が続く
高畑町
志賀直哉旧居
周辺の案内あり
樹木のトンネル
頭塔
クルマ注意
高畑町
4
路地
新薬師寺
住宅地
奈良市写真美術館
飛鳥中
奈良教育大附属小
飛鳥小
新薬師寺の先の交差点を右折して道なりに進めば、ならまち
紀寺町
奈良教育大
奈良教育大前
↓白毫寺へ

ルールを守って楽しく、安全に

自転車は車両の一種。交通ルールを守り、
クルマや歩行者に配慮してマナーのある安全な走行を心がけよう。

車道の左側を走ろう

道路交通法上、自転車は軽車両である。歩道と車道の区別があるところでは、車道の左側端を通行するのが原則だ。右側通行は危険。逆走である。

駐輪場に止めよう

路上駐輪は歩行者すべての妨げになることを覚えておこう。また、街の景観も損なう。観光地やお店などに立ち寄るときは、決められた駐輪場に止めよう。

歩道は例外

「自転車および歩行者専用」の標識がある場合などは、例外的に歩道を走ることができる。ただし、車道寄りの部分を徐行し、歩行者の通行を妨げないように。

京都の自転車通行禁止の道

河原町通（御池通〜仏光寺通の区間）や四条通（東大路通〜烏丸通の区間）などで、指定時間内自転車の通行が禁止されている。押して歩道を歩こう。

交差点では一時停止

信号機のある交差点では、当然信号に従う。一時停止の標識などがある場合は一度止まって左右の安全を確認する。狭い道から広い道に出るときは徐行。

危険な運転は禁止

飲酒運転、二人乗り（6歳未満の子どもを乗せる場合を除く）、並進（並進可の標識がある場合を除く）、傘をさしながらの運転、携帯電話をしながらの運転は禁止だ。

夜間はライトをつけよう

ライトには、前方を照らすだけではなく、クルマなどから自分を認識してもらうという役割がある。日が傾いてきたら早めに前照灯および尾灯をつけよう。

京都

12コース

こんな牧歌的な風景のなかにも、
平安時代からの歴史が息づく広沢池。

1 京都市北区、右京区

金閣寺から嵐山へ 京都GOLDENコース

世界遺産に登録されているようないくつもの有名寺院が一本の道で結ばれている、京都通なら一度は通ってみたい道。それが、きぬかけの道。金閣寺から嵯峨嵐山への約9.9kmのゴールデンルートを走る。

ここでは、歴史回廊とも呼ばれている「きぬかけの道」を活用したコースを紹介する。まずは金閣寺①。建物自体に金箔を貼りつけるその発想力には驚かされるだろう。金の茶室を作った秀吉どころではない。龍安寺②では気持ちを一気に静めクールダウン。石庭を心静かに観賞したい。次は仁和寺③。御室御所とも呼ばれる壮大な伽藍と阿弥陀如来が優しく迎えてくれるはずだ。

少し進むと福王子の交差点。ここは道幅が狭く交通量が多いので注意。次にこのコース最大のアップダウンを過ぎると、右手に広沢池④が見えてくる。石造の観音菩薩が安置されている出島でひと休み。ゆったりとした、ピクニック気分を味わえる場所だ。

また元の道に戻り、左手に牧歌的な田園風景を楽しみながら走る。六道の辻の石碑が立つ大覚寺門前の信号を右折すると、嵯峨御所とも呼ばれた大覚寺⑤に到着。人気時代劇の『必殺仕事人』のロケ地であったことでも有名。

嵯峨嵐山エリアに入ると、とたんに交通量が増えるので走行には注意が必要。最後に訪れるお寺は、天龍寺⑥。日本を代表する池泉回遊式庭園を散策しながら一日のサイクリングをゆっくり回想してみるのもいいだろう。

1 金閣寺

世界遺産。正しくは鹿苑寺。応永4年(1397)、足利義満が建てた別荘だったが、義満の死後、寺となる。庭園は池泉回遊式で特別名勝・特別史跡。㊎＝9:00～17:00／㊡＝無休／¥＝400円／☎075-461-0013

2 龍《りょう》安《あん》寺《じ》

世界遺産。宝徳2年(1450)、細川勝元が徳大寺家から譲り受けた山荘を、勝元の死後禅寺に改めた。㊎＝8:00～17:00(12月～2月は～16:30)／㊡＝無休／¥＝500円／☎075-463-2216

3 仁和寺

世界遺産。仁和4年(888)創建。宇多天皇が譲位後に出家し、境内に御室(御座所)を設けて以来、門跡寺院となる。表玄関の仁王像が、寺を守り続けている。㊎＝9:00～16:30／㊡＝無休／¥＝500円／☎075-461-1155

4 広沢池

潅漑用ため池。栄祚1年(989)、寛朝僧正が遍照寺を建立したときに開削。平安時代から観月の名所として有名。昨今では夕日の名所としてカメラマンが集まる。出島の石造観音菩薩が訪れる人を見守っている。

5 大覚寺

嵯峨天皇の離宮跡を貞観18年(876)に寺院とした。鎌倉時代に入り亀山法皇と後宇多法皇がここで院政を行ったため「嵯峨御所」とも呼ばれる門跡寺院。㊎＝9:00～16:30／㊡＝無休／¥＝500円／☎075-871-0071

6 天龍寺

世界遺産。興国6年(1345)、足利尊氏が後醍醐天皇の菩提寺として建立。室町時代には京都五山の第一位とされた。㊎＝8:30～17:30(11月～3月は～17:00)／㊡＝無休／¥＝500円／☎075-881-1235

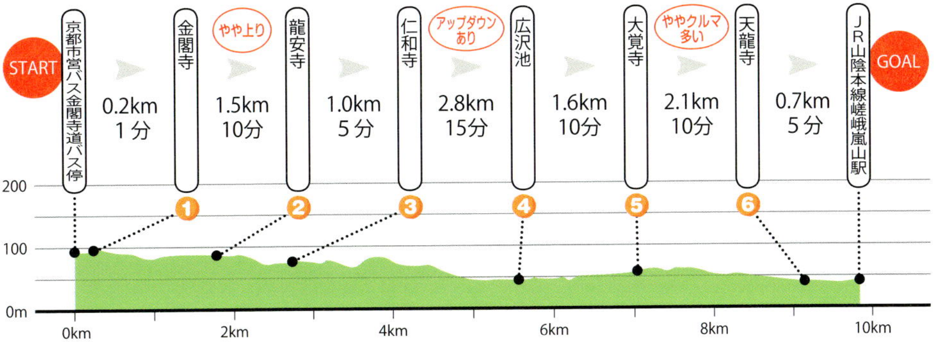

INFORMATION

このコースは観光道路を利用するので、休日にはクルマの交通量が多くなり走行には注意。嵐山エリアでも道路が混雑している際には、自転車は押して歩くほうがよい。

金閣寺から嵐山へ。京都GOLDENコース

池の茶屋【喫茶・軽食】

広沢池の東南に位置する静かなお茶屋さん。池や庭を眺めながらゆっくりと過ごせる。白州正子が京都を訪問するたびに立寄ったことでも有名。㊖＝9:00ごろ～17:30ごろ／㊡＝荒天時／☎075-861-3201

琴きき茶屋【喫茶・軽食】

サクラ餅で有名なお茶屋さん。2種類のサクラ餅が楽しめ、ひとつは、ほんのり甘い道明寺餅をこしあんで包んだもの。もうひとつは、塩漬けしたサクラの葉で道明寺餅を挟んだもの。㊖＝10:00～17:00／㊡＝木曜（水曜不定休）／☎075-861-0184

まちの雑学

「きぬかけの道」の名前の由来は、第59代宇多天皇が夏に雪見がしたいというので、山全体に白い絹をかけて覆い、雪景色に見せたという話から来ている。

福王子の交差点。交通量の多い交差点なので走行注意

KCTP金閣寺サイクルターミナル
営＝9:30〜17:00／休＝無休／¥＝1日1000円〜／☎075-354-3636
ここで借りた自転車は嵐山で指定の駐輪場に乗り捨てできるサービスがある。

約8.4km
約1時間

京都のランドマーク、
東寺の五重塔を背景に快走する。

2 京都市下京区

京都駅周辺をのんびり走る名所・旧跡めぐり

ないようでも、意外と京都駅周辺の名所・旧跡はたくさんある。
京都駅に到着したらすぐに京都観光を楽しみたい。
ここでは駅周辺のスポットをまとめたコースを紹介しよう。

JR東海道本線京都駅周辺でわずかな時間を有効に使う。そんなシチュエーションにぴったりなコンセプトを持つ、駅周辺サイクリング。

京都駅から南へ進み東寺①へ。空海が描いた立体曼荼羅《りったいまんだら》は、平安初期仏の宝庫として有名だ。東寺西側の細い道を北に進むと六孫王神社②。源氏ゆかりの神社をお参りする。

JRの高架をくぐり、北へ進むと西本願寺③。右手に明治建築の趣ある龍谷大学校舎を見ながら、唐門の前に到着。桃山時代の豪華絢爛な彫刻が特徴だ。次に七条通を東へ進むが、ここは交通量が多いので注意。

東本願寺の庭園である渉成園④は、まさに都会のオアシス。いつも静かで、四季を通してさまざまな風情を楽しめる。

渉成園東側の河原町通を北へ進むと、市比売神社⑤。ビルの1階部分が入口門となっている珍しい造り。そこを通り抜けると小さな境内に入る。女人守護の神様なので、いつも女性参拝者で賑わっている。最後に東本願寺⑥。道中、数珠屋さんや仏壇屋さんといった仏教関連の店舗がたくさん建ち並ぶ仏具の銀座通りを通過。壮大な建造物群からは、さすがは浄土真宗総本山の力を感じさせる。

1 東寺《とうじ》

真言宗の総本山で、世界文化遺産。弘仁14年（823）、空海に下賜され、名を教王護国寺とし真言宗の根本道場となった。㊎＝9：00～16：00／㊡＝無休／㊎＝500円／☎075-691-3325

2 六孫王《ろくそんのう》神社

清和天皇の孫、六孫王源経基を祀る。経基の子、満仲が邸宅跡に霊廟を建て六の宮と称したのが起こり。その後、源実朝夫人がここに寺を建て、その鎮守社となった。境内から満仲の誕生水「児ノ水」など名水が出る。

3 西本願寺

浄土真宗本願寺派の本山。室町時代に、第8代蓮如上人により一大教団へ発展。天正19年（1591）、豊臣秀吉の寄進により現在の地に。境内には重要文化財の御影堂、国宝の飛雲閣、唐門など豪華な建物が並んでいる。

4 渉成園《しょうせいえん》

東本願寺の飛地境内。生垣にミカン科のカラタチ（枳殻）があったため、かつては枳殻邸とも呼ばれていた。㊎＝9：00～16：00／㊡＝無休／㊎＝志納料500円以上／☎075-371-9210

5 市《いち》比《ひ》売《め》神社

延暦14年（795）、藤原冬嗣が垣武天皇の命により、官営市場東市・西市の守護神として創建。女人守護の神社でもあり特に女性厄除けに御利益がある。㊎＝7：00～18：00／ ☎075-361-2775

6 東本願寺

慶長７年（1602）に第12代教如上人が徳川家康からこの地の寄進を受け建立した。御影堂は、世界最大級の木造建築であり、堂内には親鸞聖人が安置されている。㊎＝5：50～17：30／☎075-371-9181

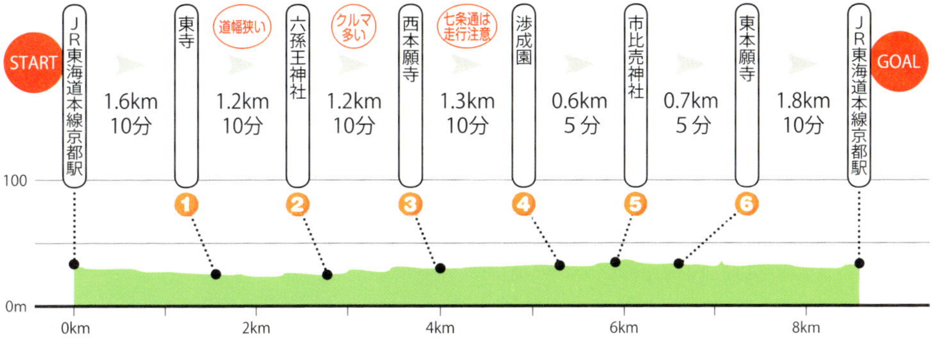

INFORMATION

一部自転車走行可歩道にもかかわらず、歩道幅が極めて狭いエリア（大宮通）があるので、歩道を走行する際には歩行者に注意。レンタサイクルの利用は、京都駅から徒歩4分の場所に位置するKCTPが便利。

2 京都駅周辺をのんびり走る名所・旧跡めぐり

KCTP 京都駅サイクルターミナル
㊇＝9:00〜19:00／㊡＝無休／㊎＝1日1000円〜／☎075-354-3636

ちょっと寄り道

東寺餅【菓子】

東寺御用達の門前菓子司。上品な甘さのあんが入ったこのお餅の味には飽きることがない。㊇＝7:00〜20:00／㊡＝毎月6日、16日、26日（土・日・祝日は営業）／☎075-671-7639

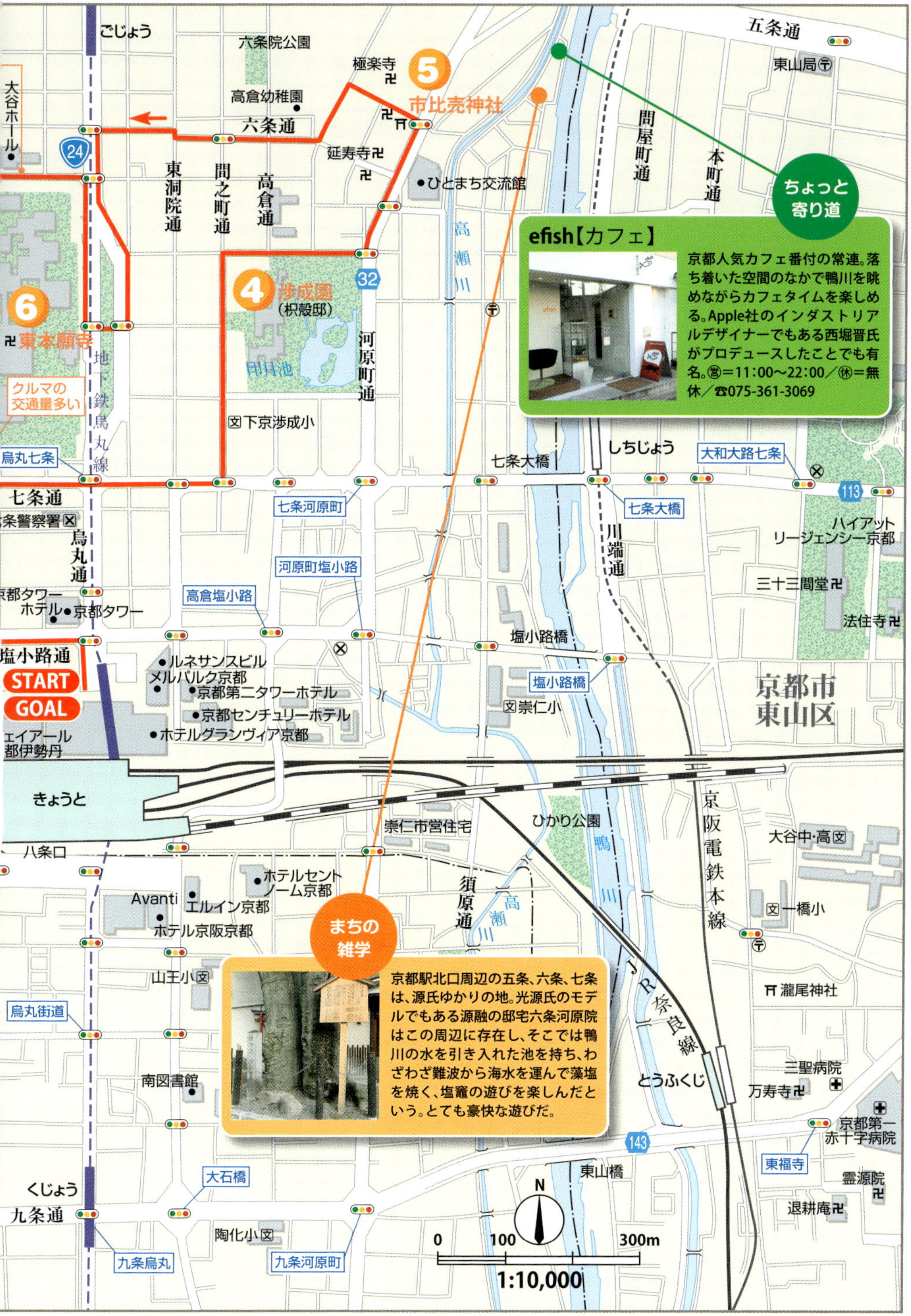

ちょっと寄り道

efish【カフェ】

京都人気カフェ番付の常連。落ち着いた空間のなかで鴨川を眺めながらカフェタイムを楽しめる。Apple社のインダストリアルデザイナーでもある西堀晋氏がプロデュースしたことでも有名。㊢＝11：00～22：00／㊡＝無休／☎075-361-3069

まちの雑学

京都駅北口周辺の五条、六条、七条は、源氏ゆかりの地。光源氏のモデルでもある源融の邸宅六条河原院はこの周辺に存在し、そこでは鴨川の水を引き入れた池を持ち、わざわざ難波から海水を運んで藻塩を焼く、塩竈の遊びを楽しんだという。とても豪快な遊びだ。

木屋町通に立つ土佐藩邸跡の碑。

3 京都市上京区、中京区、下京区、東山区

壬生から木屋町界隈へ 幕末、維新の史跡を駆ける

坂本龍馬や木戸孝允（桂小五郎）ら、維新の志士が駆け抜けた木屋町界隈、新選組が屯所とした壬生、禁門の変で激戦地となった京都御所、大政奉還が行われた二条城など、動乱の幕末、維新の跡をたどる約15.8kmのコース。

JR山陰本線二条駅をスタートしてまず向かうのは壬生。幕末、京都守護職に属し、反幕府勢力の鎮圧にあたった新選組が最初に屯所を置いた場所だ。屯所となった八木家①や旧前川邸、近藤勇の胸像がある壬生寺、山南敬助ら隊士20数人が埋葬されている光縁寺など、壬生には新選組関連の見どころが目白押し。ファンにはたまらない一帯だ。

その新選組の名を一躍天下に轟かせたできごとが、池田屋に潜伏していた尊皇攘夷派の志士たちを襲撃した池田屋事件。高瀬川の流れる木屋町通から三条通を少し入った場所に、池田屋騒動之址の碑が立つ。

木屋町通にはかつて土佐藩邸が置かれており、坂本龍馬寓居之跡をはじめ、武市瑞山寓居之跡、佐久間象山・大村益次郎遭難之地碑など幕末の激動を物語るものが多数点在する。

そして、木戸孝允や坂本龍馬、中岡慎太郎ら、維新に尽くした志士たちが眠るのが霊山護国神社④。隣接する霊山歴史館は日本唯一の幕末・明治維新専門の博物館である。

コースは、さらに長州藩と幕府が激戦を繰り広げた京都御所の蛤御門⑤を通り、徳川慶喜が大政奉還を決定した二条城⑥を目指す。

1 八木家

新選組の屯所が最初に置かれた邸宅。文久3年(1863)9月18日、奥座敷で初代局長芹沢鴨らが暗殺され、以後、近藤勇が新選組の最盛期を築く。㊊=9:00〜17:00/㊡=不定休/¥=1000円/☎075-841-0751

2 桂小五郎像

河原町通から木屋町通に至る一帯は、江戸時代、長州藩の藩邸が置かれ、維新の政治的拠点となった。その藩邸跡に桂小五郎の像が立つ。薩摩藩の西郷隆盛、大久保利通とともに数えられる維新三傑のひとりだ。

3 坂本龍馬・中岡慎太郎遭難之地碑

土佐藩の出入り商人であった近江屋(醤油商)があった場所。慶応3年(1867)11月15日、坂本龍馬と中岡慎太郎は、ここで大政奉還後の政局でも論じていたであろうところを、刺客の襲撃を受けたのである。

4 霊山《りょうぜん》護国《ごこく》神社

維新の志士1000人以上が祀られている。坂本龍馬と中岡慎太郎の墓は、京都市街を一望する場所に並んであり、墓前にはふたりの像が立つ。㊊=9:00〜17:00/㊡=無休/¥=300円/☎075-561-7124

5 蛤《はまぐり》御門

京都御苑西門のひとつ。常に閉ざされていた門だったが、江戸時代の大火で初めて開門されたことから、焼けて口を開く蛤にたとえられる。幕末の禁門の変では最大の激戦地となった。弾傷らしき跡が残る。

6 二条城

慶応3年(1867)10月14日に15代将軍慶喜が二の丸御殿大広間で大政奉還を発表した絢爛豪華な城。世界遺産。㊊=8:45〜17:00/㊡=1月、7月、8月、12月の火曜、年末年始/¥=600円/☎075-841-0096

INFORMATION

「坂本龍馬・中岡慎太郎遭難之地碑」が立つ河原町通は、御池通から仏光寺通まで自転車走行が禁止されている。押して歩こう。ほかにも祇園から烏丸までの四条通や、三条から四条までの新京極通などで禁じられている。

3 壬生から木屋町界隈へ。幕末、維新の史跡を駆ける

中立売智恵光院
勝福寺
中立売通
樂美術館
上京中
新町小
府民ホール
千本中立売
正親小
京都ブライトンホテル
平安会館
堀川中立売
京都御所内を走る
5
蛤御門
京都御所
上長者町通
京都市上京区
ガーデンパレスホテル
阪急ニッショー
下長者町通
千本出水
クルマは北から南への一方通行
法務合同庁舎
護王神社
出水通
大宮通
京都府庁
伊藤仁斎宅跡
京都府警察本部
下立売通
堀川下立売
上京消防署
平安女学院中・高
千本丸太町
二条城北小
京都第二赤十字病院
京都御苑
丸太町智恵光院
救命救急センター
堀川丸太町
烏丸丸太町
NHK
187
丸太町通
京都地方裁判所
二条公園
府庁前
38
出世稲荷神社
二条中
観光バスの出入りに注意
堀川通
油小路通
6
二条城
朱雀高
111
二の丸御殿
西洞院通
新町通
衣棚通
室町通
京都国際ホテル
中京中
二の丸庭園
御池通は歩道が非常に広い。自転車走行可
にじょうじょうまえ
京都全日空ホテル
押小路通
二条駅東口
神泉苑
京都国際マンガミュージアム
京都御池中
堀川御池
37
烏丸御池
御池通
地下鉄東西線
にじょう
START
GOAL
小川家住宅
中京区役所
立命館大
からすまおいけ
広い歩道
柳馬場通
京都市中京区
姉小路通
洛風中
京都文化博物館
千本三条
西友
大宮通
中央局
三条通
大西清右衛門美術館
JR山陰本線（嵯峨野線）
朱雀第一小
格子のきれいな町家
京都通信病院
高倉小
烏丸通
蛸薬師通
千本通
千本通は平安時代のメインストリート
洛中小
堀川高
錦小路通
からすま
クルマは東から西への一方通行
四条大宮
四条堀川
四条西洞院
四条烏丸
大丸
四条通
おおみや
元祇園梛神社
しじょうおおみや
三井ガーデンホテル京都四条
京都産業会館
COCON烏丸
しじょう
阪急京都線
嵐電嵐山本線
光縁寺
綾小路通
壬生寺
八木家
新選組・山南敬助の墓がある
1
堀川高辻
京都市下京区
光徳公園
醒泉小
千本通。写真の交差点を左折すると壬生寺

KCTP錦市場北レンタサイクルターミナル
㊋=9:00～19:00／㊡=無休／¥=1日1000円～／☎075-354-3636

久露葉亭 濁屋善【和食】

朝一番に汲み上げた京の名水で作る豆腐が自慢。湯葉や生麸などを使った京料理と和洋の創作料理が楽しめる。スイーツも充実。㊋=11:30～21:30／㊡=無休／☎075-525-3413

ちょっと寄り道

N
0 100 500m
1:16,500
川端東一条
東一条通
第四錦林小
左京区役所
東山東一条
吉田神社
吉田山
京都大総合人間学部
吉田東通
後一条天皇陵
宗忠神社
清浄華院
梨木神社
宮御所
京都大医学部
近衛通
東山近衛
近衛中
京都市左京区
真正極楽寺
京都御所内は砂利にできた轍が走りやすい
鴨沂高
京都地方法務局
京都大附属病院
181
白河総合支援学校
西翁院
金戒光明寺
永運院
河原町通
鴨川
クルマの交通量多い
河原の遊歩道から丸太町通へ
じんぐうまるたまち
丸太町橋
河原町丸太町
川端丸太町
京阪鴨東線
御霊神社
行願寺
岡崎神社
岡崎中
銅駝美術工芸高
寺町通
32
二条大橋
京都会館
岡崎公園
府立図書館
河原町二条
頂妙寺
東山二条
京都美術館
京都市動物園
みやこめっせ
国立近代美術館
桂小五郎像 2
川端二条
川端通
京都市役所
京都ホテルオークラ
御池大橋
クルマの交通量多い
無鄰庵庭園
京都文教学園
南禅寺前
きょうとしやくしょまえ
河原町御池
川端御池
要法寺
国際交流会館
本能寺
三条大橋
さんじょうけいはん
ひがしやま
河原町三条
三条大橋を渡ったら鴨川の河原の遊歩道へ
KYOUEN
蓮沢寺
東山三条
白川小
三条通
池田屋騒動之址
若松通
坂本龍馬、お龍結婚式場跡
粟田神社
ウェスティン都ホテル京都
ミーナ京都
さんじょう
東大路通
青蓮院
坂本龍馬・中岡慎太郎遭難之地碑
幕末の史跡が多い
華頂女子中・高
良正院
京都市東山区
木屋町通
縄手通
花見小路通
花園天皇陵
ロフト
3
円山公園は自転車を押して歩く
知恩院
三門
錦天満宮
四条河原町
京阪本線
河原町OPA
四条大橋
祇園
和順会館
かわらまち
八坂神社
円山公園
阪急百貨店
京都祇園ホテル
南座
弥栄中
大丸
ぎおん しじょう
ねねの道。観光客が多い
高島屋
四条大橋
ギオンコーナー
大雲院
自転車走行禁止
団栗橋
WINS京都
東山安井
学校歴史博物館
大和大路通
建仁寺
河原町高辻
高瀬川
安井金比羅宮
圓徳院
霊山観音
霊山護国神社 4
新道小
レンタサイクルあり
急な坂道
東山警察署
霊山歴史館
正法寺
法観寺(八坂の塔)

ちょっと寄り道

抹茶庵やまぎし【甘味処】

先斗町通にある甘味処。ぜんざい(700円)や、抹茶蜜のところてん(500円)、京風あんみつ かも川(500円)などのメニューが人気。㊖＝14:00〜21:00／㊡＝第3水・木曜／☎075-221-5298

まちの雑学

高台寺の南側、東大路通から志士たちが眠る霊山護国神社までの約300mの通りは、「維新の道」と呼ばれている。けっこう急な坂道だ。立派な石碑が立つ。

平安時代の昔から文化の中心エリアであった
岡崎公園の遊歩道をのんびり走る。

4

京都市下京区、東山区、左京区、中京区

京都の伝統文化に身近に触れる

**みやびな京都の伝統文化は、我々の日常生活から離れ、
憧れの世界にも昇華してしまった感がある。
そんな日本のすばらしい伝統文化をもっと身近に感じることができるコース。**

京都では数多くの伝統工芸が息づいている。観たり自分で作ったり、といったことができる施設をコースにまとめてみた。

JR東海道本線京都駅を出て、五条通りを東へ進むと河井寛次郎記念館①。陶芸家として高名な河井氏の作品が自然な形で展示されている。次に五条坂から清水新道へ右折し、坂を上ると、左手に朝日堂美器工房②。自転車は朝日堂の駐車場に駐輪し、階段を上り清水焼の体験へ。オリジナル作品を作ってみよう。

京情緒溢れる清水界隈の細い路地を通り抜け、知恩院前の道を平安神宮へ真っ直ぐ進むと、途中にみやこメッセふれあい館③がある。ここはさまざまな伝統工芸が無料で見学できる穴場スポット。次に疎水沿いに進むと細見美術館古香庵④。ここでは茶道体験を楽しめる。

さらに疎水沿いを走行し、鴨川が流れる川端通から御池通を走行。しばらく進んで小川通を左折すると丸益西村屋⑤に到着。ハンカチからTシャツまで友禅染体験ができる。最後に堀川通を南へ進む。堀川五条の交差点では横断歩道がないので注意。そのまま堀川通を進むと、お香の名店・薫玉堂⑥へ。おみやげにお香を購入するのもオシャレ。

1 河井寛次郎記念館

大正から昭和にかけて活躍した陶芸家・河井寛次郎の自宅が、昔ながらのそのままの姿で残され記念館となり、見学できる。㊡＝10:00～17:00／㊡＝月曜(祝日の場合は開館)／㊎＝900円／☎075-561-3585

2 朝日堂美器工房

明治3年(1870)創業の京焼・清水焼の老舗。階段を少し上った眺めのよい高台で、絵つけコース、電動ろくろコースなど陶芸の体験ができる。㊡＝10:00～17:00／㊎＝体験料2000円～、要予約／☎075-531-2181

3 みやこメッセふれあい館

66品目450点もの伝統的工芸品を見学できる。また作品の展示だけでなく、製作工程の説明や映像資料もある。㊡＝9:00～17:00／㊡＝夏季の施設点検日・年末年始／㊎＝見学無料／☎075-762-2670

4 細見美術館古香庵

細見美術館の最上階にあるお茶室。東山連峰の景色を眺めながら茶の湯体験ができる。㊡＝11:00～17:00／㊡＝不定休／㊎＝体験料3000円、要予約／☎075-752-5555

5 丸益西村屋

型紙の上から染料を刷り込んで着色していく友禅染。500点にも及ぶ型紙から自分の好きなデザインを選択できる。㊡＝9:00～17:00／㊡＝無休／㊎＝体験料1260円～／☎075-211-3273

6 薫玉堂《くんぎょくどう》

風格のある店舗でのお香の販売だけでなく、日本三大芸道のひとつ香道の体験もできる。㊡＝10:00～19:00／㊡＝無休／㊎＝体験料2000円(10:00、14:00)／☎075-371-0162

START
JR東海道本線京都駅
2.5km
15分
河井寛次郎記念館
上り坂
0.9km
5分
朝日堂美器工房
一部、道幅狭い
2.9km
15分
みやこメッセふれあい館
0.3km
5分
細見美術館古香庵
一部、小道(遊歩道)あり
3.1km
15分
丸益西村屋
2.4km
10分
薫玉堂
1.1km
5分
JR東海道本線京都駅
GOAL
200
100
0m
0km
2km
4km
6km
8km
10km
12km

INFORMATION

清水界隈には要注意。特に五条坂は狭い道に大型バスが入り込む。無理をせず自転車から降りて押して進むことをおすすめする。また、この周辺の施設に入る際には必ず駐輪場(清水坂市営駐車場にも駐輪可)を探して止めること。

大正3年(1914)より活用されている夷川発電所

YAMATOYA【喫茶】

昔ながらの貴重なジャズ喫茶。開業以来40周年を迎えたという。音楽喫茶独特の大きなスピーカーにたくさんのレコード。アンティークな調度品に囲まれゆっくりとした時を過ごすことができる。㊢＝12:00～24:00／㊡＝水曜／☎075-761-7685

京のうまいもの屋櫻【食事・喫茶】

ヤナギ並木の白川沿いという絶好のロケーションにあるこのお店。元有名料亭のご主人が作る料理は間違いなし。新鮮な魚を調理して出してくれる飲茶はおすすめ。㊢＝11:00～20:00／㊡＝不定休／☎075-533-6330

まちの雑学
「京の料理は器で食べる」ともいわれる、その器とは清水焼の磁器のこと。18世紀後半よりこのあたりで窯ができ始め、なかでも清水寺の領内にあった「清水焼」はその庇護のもと、洗練された磁器で有名になった。
いつもクルマと人で混みあう五条坂
クルマの交通量の多い交差点
堀川五条交差点。交通量の多い道なので横断時は注意
円山公園内は自転車は押して歩く
歩行者の多い道
塔に向かって走る
KCTP京都駅サイクルターミナル
営=9:00～19:00／休=無休／¥=1日1000円～／☎075-354-3636
START
GOAL
1 河井寛次郎記念館
2 朝日堂美器工房
6 嘉王堂
1:22,000
0 100 500m
N
京都市東山区
京都市下京区
京都市南区
知恩院
円山公園
三門
長楽寺
高台寺
八坂神社
京都祇園ホテル
祇園
京都霊山護国神社
霊山歴史館
霊山観音
正法寺
法観寺(八坂の塔)
清水坂
清水小
市営駐車場
五条坂
清水新道
清水寺
成就院
子安塔
京都陶磁器会館
大谷本廟
東山五条
安井金比羅宮
東山区役所
東山警察署
六波羅密寺
若宮八幡宮
五条通
東山税務署
東山局
京阪本線
ごじょう
五条大橋
河原町通
河原町五条
河原町高辻
学校歴史博物館
高島屋
かわらまち
錦天満宮
鴨川
正面橋
方広寺
豊国神社
京都国立博物館
東山七条
東山七条
養源院
三十三間堂
七条大橋
塩小路橋
しちじょう
洛東中
京都女子中・高
京都女子大付属小
東山武田病院
東山小
JR東海道本線
今熊野
泉涌寺道
瀧尾神社
京都第一赤十字病院
とうふくじ
東山橋
ひかり公園
奈良線
涉成園
七条河原町
下京渉成小
河原町塩小路
塩小路通
烏丸七条
きょうと
京都タワー
七条通
地下鉄烏丸線
東本願寺
下京区総合庁舎
烏丸五条
ごじょう
下京中
高倉通
ホテル日航プリンセス京都
万寿寺通
松原通
京都銀行
五条警察署
仏光寺
仏光寺通
綾小路通
洛央小
からすま
しじょう
四条烏丸
COCON烏丸
京都産業会館
錦小路通
大丸
藤井大丸
蛸薬師通
京都四条
ホテル京都ホテルニューオータニ
高辻通
醒泉小
堀川五条
堀川警察署
京都東急ホテル
西本願寺
龍谷大学
七条堀川
京都アバンティ
京都駅八条口
大宮七条
塩小路堀川
リーガロイヤルホテル京都
八条通
大宮八条
東寺道
八条油小路
九条弘道小
とうじ
近鉄京都線
九条中
観智院
東寺
五重塔
洛南中・高
六孫王神社
梅小路公園
梅小路小
梅小路蒸気機関車館
東海道新幹線
平安中・高
壬生川通
大宮通
角屋もてなしの文化美術館
中央卸売市場
たんばぐち
五条千本
JR山陰本線(嵯峨野線)
光徳公園
壬生寺
嵐電嵐山本線
阪急京都線
四条大宮
しじょうおおみや
おおみや
洛中小
後院通
京都堀川高
堀川四条
堀川通
山王小
京都市

西陣織りの中心地にある
きれいな石畳道を駆け抜ける。

5　京都市北区、上京区

西陣のディープスポットをめぐれば これであなたも京都通

最も京都らしさを残している西陣界隈。
しかし、京都を何度訪れても意外に足を向けることは少ないのでは？
生粋の京都人が生活するディープスポットをめぐろう。

市内北部で最も有名な、金閣寺周辺を起点にするコース。まずは鞍馬口通を東へ進み、引接寺①へ。ここは千本ゑんま堂と呼ばれており、恐ろしい表情をした大きな閻魔様が出迎えてくれる。また春や秋には狂言が行われ、地元民を楽しませてくれる。

昔ながらの内装の銭湯で有名な船岡温泉を通過し建勲神社②。織田信長公を祀る本殿まで階段を上ると眺めは抜群。石像寺③へは商店街ともなっている上立売通を西へ進む。ここではたくさんの釘抜きが奉納されている珍しい光景を目にすることができる。地元の人たちにあつく信仰されているお寺だ。

次に訪ねる大報恩寺④までの道中では、おみやげに「五辻の昆布」や「近為」のお漬物などはいかがだろうか？　名店が近所にある。

大報恩寺では応仁の乱での被害を奇跡的に免れた当時の本堂が残っている。また「おかめ」さんを祀るお寺としても有名。次は「天神さん」と呼ばれ親しまれている北野天満宮⑤。毎月25日の縁日には多くの人たちで賑わう。最後に、天神さんの北側を少し西へ進み平野神社⑥へ。平安時代以来の格式ある官幣大社で、最近ではサクラの名所として全国的に有名。

1 引接《いんじょう》寺《じ》(千本ゑんま堂)

寛仁年間(1017〜1021)、比叡山の僧・定覚によって開かれた寺。閻魔の庁を模したという本堂に、小野篁作ともいわれる巨大な閻魔大王像が安置されている。サクラの名所でもある。㊐=6:00〜17:00/☎075-462-3332

2 建勲《たけいさお》神社

天下を統一した織田信長の偉勲を称え、明治2年(1869)、明治天皇が創建。明治43年(1910)、船岡山の山腹にあった社を山頂に遷祀した。年により信長公ゆかりの品が公開される。

3 石像寺《しゃくぞうじ》

弘法大師(空海)が弘仁10年(819)に建立。現世の苦しみから人々を救い出す「苦抜地蔵」がいつしか「釘抜地蔵」となった。本堂正面には釘抜きの像がある。㊐=8:00〜16:30/☎075-414-2233

4 大報恩寺(千本釈迦堂)

本堂は安貞元年(1227)に建立。このお寺には、本堂を建設した棟梁の妻・おかめの伝説があることで有名。㊐=9:00〜17:00/㊡=無休/¥=堂内500円、境内無料/☎075-461-5973

5 北野天満宮

菅原道真を祀る神社。延喜3年(903)、大宰府で道真が亡くなった後、天変地異が起きたため、これを道真の祟りと考え社を建てたのが起源。㊐=5:00〜18:00/☎075-461-0005

6 平野神社

桓武天皇が平安遷都の際に大和から移した神社。本殿は国の重要文化財に指定。春日造りの4殿を2殿ずつ連結した珍しい構造で比翼春日造りとも平野造りとも呼ばれる。㊐=10:00〜15:40/☎075-461-4450

INFORMATION

西陣界隈の道は必ずしも碁盤の目状にはなっていない。細い路地へ入り込むのは魅力的ではあるが、迷いやすいので注意。また一部、一方通行の道を逆走することもあるので対向車には注意。

5 西陣のディープスポットをめぐればこれであなたも京都通

紫野門前町
紫野通
立命館小
大谷大
紫明小
小山西大野町
室町通
紫野高
高桐院
玉林院
龍光寺
181
北図書館
北区役所
京都教育大附属京都小
今宮門前
北大路大宮
堀川北大路
がくさい病院
紫野東舟岡町
紫野小
島津製作所
今宮神社
京都教育大附属京都中
船岡北通
船岡山公園
建勲通
建勲神社
2
堀川紫明
紫明通
船岡南通
大日本スクリーン
大宮通
船岡温泉
鞍馬口通
紫野南舟岡町
妙覚寺
大應寺
興聖寺
上御霊前通
新町通
真教寺
北総合支援学校
一方通行区間を逆走する。走行注意
称念寺
長栄寺
妙蓮寺
38
本法寺
今日庵(裏千家)
妙顕寺
不審庵(表千家)
寺之内通
堀川寺之内
宝鏡寺
室町小
きれいな石畳み区間
石像寺
3
智恵光院通
報恩寺
織成館
雨宝院
上立売通
京都市上京区
本隆寺
近為
五辻の昆布
五辻通
嘉楽中
西陣中央小
上京保健所
堀川通
京都信金
京都市考古資料館
白峯神社
今出川通
西陣局
今出川新町
上京区役所
護念寺
千本今出川
堀川今出川
西陣織会館
晴明神社
千本通
無印良品
上京税務署
上京中
樂美術館
新町小
千本中立売
堀川中立売
ユニクロ
中立売通
宗禅

本殿まで階段を上り、大文字山を眺める

たんきり飴本舗。珍しい飴屋さん。おみやげにも最適

ちょっと寄り道

宗禅【みやげ・喫茶】

あられの名店。西陣織りの着物を想わせるきれいな包み紙を使用している。お茶処もあり、手焼き体験もできる(要予約)。(営)=10:00～18:00(茶房10:30～17:00)／㊡=月曜、毎月6日／☎075-417-6670

まちの雑学

西陣織りで有名な「西陣」とは、15世紀に勃発した応仁の乱の際に西軍の大将である山名宗全が陣を置いたことに由来する。なお、東陣は地名として残っていない。

平安神宮界隈を人力車で観光する女性。
京都にはよく似合う光景だ。

6 京都市左京区

洛東の名刹をめぐる琵琶湖疏水沿いの道

南禅寺、銀閣寺、真如堂など、洛東の寺社をめぐる約7.3kmのコース。春には艶やかなサクラが、秋には燃えるような紅葉が彩る小道を、とうとうと穏やかに流れる琵琶湖疏水に沿って走る。

臨済宗南禅寺派の大本山である南禅寺①は見どころが多い。江戸時代初期の代表的な枯山水庭園である方丈庭園や琵琶湖疏水の一部である赤煉瓦造りの水路閣、「天下の竜門」と呼ばれる三門は高さが約22mあり、楼上からの眺めはすばらしい。歌舞伎「楼門五三桐」で石川五右衛門が「絶景かな」と見得を切る場面としても有名。

南禅寺の北に位置する永観堂（禅林寺）は、仁寿3年（853）の創建以来「モミジの永観堂」ともてはやされてきた紅葉の名所。秋になるとおよそ3000本はあるというモミジやカエデが色鮮やかに染まるのだ。美しい紅葉で知られる場所としては、真如堂（真正極楽寺）④や金戒光明寺も見逃せない。

熊野若王子神社から銀閣寺③に至る琵琶湖疏水に沿う小道は、日本を代表する哲学者西田幾多郎がこの道を歩きながら思索にふけったことに由来して、「哲学の道」②と呼ばれる。水辺に木々が茂り、四季折々の風情が漂う散策路だが、なかでも春に咲き誇るサクラは見ごと。沿道には洒落たカフェや雑貨屋が軒を連ね、賑やかな雰囲気。混雑しているときは自転車を押して歩こう。哲学の道の東側の山裾にある安楽寺や法然院は春と秋だけ公開される趣深い寺だ。

1 南禅寺

三門、方丈庭園、水路閣などが見どころ。サクラや紅葉の名所としても知られる。(開)=8:40～17:00(12月～2月は～16:30)／(休)=12月28日～31日／(¥)=方丈庭園と三門は各500円、南禅院庭園300円／☎075-771-0365

2 哲学の道

琵琶湖疏水に沿って続く約1.8kmの小道。サクラ、新緑、紅葉と四季折々の風情があり、特に春と秋は散歩を楽しむ人でいっぱい。初夏にはゲンジボタルが飛び交う。人の少ない平日や、早朝の散策がおすすめだ。

3 銀閣寺(慈照寺)

室町幕府8代将軍足利義政が山荘として造営、義政の死後、寺に改められた。侘び、寂びの美を醸し出す東山文化の象徴。(開)=8:30～17:00(12月～2月は9:00～16:30)／(休)=無休／(¥)=500円／☎075-771-5725

4 真如堂《しんにょどう》(真正極楽寺)

今からおよそ1000年前に創建された寺で、高さ約30mの三重塔や真っ赤な総門が印象的。秋は紅葉で境内が真っ赤に染まる。(開)=9:00～16:00／(休)=不定休／(¥)=拝観500円、境内無料／☎075-771-0915

5 平安神宮

平安遷都1100年を記念して、明治28年(1895)に創建。春に咲く神苑のシダレザクラが見ごと。(開)=6:00～18:00(神苑8:30～17:30)、季節で閉門時間変動／(休)=無休／(¥)=神苑600円、境内無料／☎075-761-0221

6 無鄰菴《むりんあん》

明治・大正の元老山県有朋が造営した別荘。東山を借景とした池泉回遊式庭園と木造2階建ての母屋、洋館から成る。紅葉の季節が美しい。(開)=9:00～17:00／(休)=年末年始／(¥)=400円／☎075-771-3909

START
地下鉄東西線蹴上駅
0.5km
5分
南禅寺
やや人多い
0.8km
10分
哲学の道
人多い
1.8km
20分
銀閣寺
緩やかな下り
1.5km
15分
真如堂(真正極楽寺)
1.5km
15分
平安神宮
0.7km
10分
無鄰菴
0.5km
5分
地下鉄東西線蹴上駅
GOAL
200
100
0m
1
2
3
4
5
6
0km
2km
4km
6km

INFORMATION

哲学の道や銀閣寺参道は、幅が狭い上、しばしば非常に人通りが多い。状況に応じて、自転車を降りてのんびり歩くようにしよう。多くの寺社には駐輪場が整備されているので観光もしやすい。

6 洛東の名刹をめぐる琵琶湖疏水沿いの道

銀の匙【カフェ】
手作りスモークチーズやワッフル、紅茶、ワインなどを味わえる燻製カフェ。チーズやベーコン、サーモンなどの各種スモークは持ち帰りもできる。㊮＝昼～17:00ごろ／㊡＝不定休／☎075-771-1694
ちょっと寄り道
なや【カフェ】
自然農法で栽培した自家製野菜で作る料理や、天然酵母パン、有機マメのコーヒーなどオーガニックな料理を楽しめる古民家カフェ。㊮＝11:30～18:00／㊡＝火曜
ちょっと寄り道
銀閣寺参道。沿道に飲食店やみやげもの屋が並ぶ
日本バプテスト病院
北白川別当
田中里ノ前
御蔭通
京大グラウンド
養正小
飛鳥井公園
左京保健所
理学部
農学部
京都大学
知恩寺
如意寺
百万遍
今出川通
工学部
法学部
カフェなどが多い通り。学生で賑わっている
疏水分流
北白川小
北白川下池田町
北白川久保田町
スーパー大国屋
交差点付近、クルマの交通量多い
白川通今出川
駐輪場あり
銀閣寺（慈照寺）
吉田山▲121
散策路あり
吉田神社
105▲
吉田神楽岡町
神楽岡通
住宅街
白沙村荘庭園
橋本関雪記念館
白川
白川通
川越病院
鹿ヶ谷通
浄土寺下南田町
法然院
後一条天皇陵
宗忠神社
陽成天皇陵
迎称寺
松林院
馬場橋
京都市左京区
東陽院
浄土寺真如町
真如堂（真正極楽寺）
西雲院
冷泉天皇陵
安楽寺
霊鑑時
特養老人ホーム花友しらかわ
カフェや雑貨屋が並ぶ
春・秋に公開
哲学の道の裏通り
サクラ並木。人通りが多い
新選組発祥の地
近衛中
吉田東通
白河総合支援学校
西翁院
永運院
京都大学附属病院

春日北通
光安寺
常光寺
錦林小
左京税務署
187
丸太町通
東山丸太町
聖マリア教会
旧武徳殿
5
平安神宮
大豊神社
泉屋博古館
岡崎神社
東本願寺
岡崎別院
エッソ
天王町
光雲寺
2
哲学の道
琵琶湖疏水
岡崎中
熊野若王子神社
満願寺
観峰美術館
岡崎公園
岡崎法勝寺町
駐輪場あり
京都会館
細見美術館
東山二条
永観堂（禅林寺）
東山中・高
京都市動物園
府立図書館
みやこめっせ
近代美術館
岡崎公園駐車場
㊖＝7:30～22:30／㊡＝無休／☎＝1時間500円、以降30分200円
野村美術館
帰雲院
琵琶湖疏水記念館
湯どうふ屋が並ぶ
1
南禅寺
三門
南禅会館
南禅寺前
6
無鄰菴
疏水沿いにサクラ並木
京都文教学園
対龍山荘庭園
レンガ造りの水道橋
水路閣
高徳庵
南禅院庭園
東山三条
国際交流会館
金地院
蹴上駅に向かって上る
インクライン
金剛寺
法華経寺
ひがしやま
地下鉄東西線
143
白川小
ウェスティン都ホテル京都
蹴上
けあげ
START
GOAL
栗田神社
得浄明院
華頂女子中高
良正院
白壁が続く金地院前の路地を道なりに進むと南禅寺
インクラインの下を通る赤煉瓦造りのトンネルからスタート
日向大神宮
N
0
100
500m
1:11,750
まちの雑学
インクライン。琵琶湖疏水の舟運ルートの途中に敷設された傾斜鉄道。蹴上と岡崎の船溜まりを結び、船を台車に乗せて上下させていたのだ。現在はサクラ並木の散歩道となっている。

サクラ並木もきれいな春の鴨川遊歩道を開放的な気分で走る。

7 京都市北区、上京区

洋菓子から和菓子まで食べ歩き自転車散走

京都には有名な洋菓子屋さんや、昔ながらの老舗和菓子屋さんが勢揃い。和洋のバランスのとれた食べ歩きコース。

食べものめぐりはおなかがいっぱいになり苦痛。しかし、このコースでは、お菓子、昼食、お茶にデザートとバランスよく立ち寄り処を吟味してみた。

スタート地点は、金閣寺周辺から。まずは北大路通から今宮通を走り、今宮神社参道にあるあぶり餅の一文字屋和助①。南向かいにも同じく、あぶり餅のかざりやがあり、いつも参拝者へ声かけ合戦をしている。

次に鴨川を渡り、北山エリアに入ると花梓侘②。ここのつまみ寿司（手まり寿司）はしばらく眺めていたくなるような可愛らしさ。持ち帰りにし、鴨川沿いでピクニック気分を味わいながら食すのもよい。北山通を少し東へ進むと、京都風カステラで有名なマールブランシュ北山本店③に着く。

鴨川に戻り、鴨川遊歩道を賀茂大橋まで南下、今出川通を西へ進むと、鶴屋吉信本店④に到着。芸術品とも思えるようなきれいなお菓子が並んでいる。さらに今出川通を西へ走れば老舗カフェの静香⑤。店構えも内装も昔のまま。

最後は、京の五花街のひとつ上七軒に進入。京都らしさが漂う通りの老松⑥で、銘菓をおみやげに購入していくのもよいだろう。

1 一文字屋和助

今宮神社名物といえば、あぶり餅500円。このお店の創業はなんと長保2年（1000）。きなこに白味噌がかかっている少し甘くてクセのない味は飽きることがない。㊢＝10：00～17：00／㊡＝水曜／☎075-492-6852

2 花梓侘《かしわい》

和菓子のようにきれいで可愛らしいつまみ寿司。持ち帰りも可能。サイクリングのお弁当にピッタリ。つまみ寿司10貫1890円。㊢＝11：30～18：00／㊡＝無休／☎075-722-7339

3 マールブランシュ北山本店

京都の伝統的な素材と洋風菓子の技術をミックスさせた、おいしくもバリエーション豊富な洋菓子店。北山本店限定ケーキも楽しめる。地元のお客さんも並ぶ人気店。㊢＝10：00～20：30／㊡＝無休／☎075-722-3399

4 鶴屋吉信本店

菓子の匠で作られる色とりどりの京菓子。2階の菓遊茶屋では、カウンター越しに和菓子作りの実演を見学でき、お茶と一緒にいただける（有料）。㊢＝9：00～18：00／㊡＝元旦／☎075-441-0105

5 静香

昭和12年（1937）創業の老舗カフェ。上七軒の芸妓（静香）さんが初代のオーナー。レトロな店舗は昔のまま引き継がれている。㊢＝7：00～21：00／㊡＝第2、4日曜／☎075-461-5323

6 老松《おいまつ》

北野天満宮への道中、上七軒に静かに位置するお店。和菓子作り体験教室（10：00、13：30、2500円）も開催している。㊢＝8：30～18：00／㊡＝不定休／☎075-463-3050

INFORMATION

北山通から今出川通へ鴨川遊歩道を南へ行く際には、賀茂大橋まで鴨川の西側の遊歩道を走行すること。東側は途中、未整備区間があるので注意。

7 洋菓子から和菓子まで。食べ歩き自転車散走

道の両側にあぶり餅屋が並ぶ

お茶屋さんが立ち並ぶ雰囲気のよい上七軒お茶屋ストリート
まつひろ商店【みやげ】
和柄のがま口屋さん。上七軒のお茶屋さんであった建物をそのまま店舗に利用している。さまざまな大きさの財布やバッグがあり、おみやげにも適している。営＝11：00～18：00／休＝水曜／☎075-467-1927

上賀茂高縄手町
下鴨南芝町
上賀茂桜井町
3
マールブランシュ
北山本店
2
花梓侘
きたやま
下鴨本通北山
総合資料館
ノートルダム女子大
京都北局
元町小
北山大橋
京都コンサートホール
北山通
堀川北山
北山大橋で鴨川遊歩道へ入る
ちょっと寄り道
半木の道
京都府立植物園
北警察署
温室
堀川通
新町通
鴨
堀川今宮
北大路ビブレ
川
鳳徳小
きたおおじ
北大路橋
立命館小
367
烏丸北大路
下鴨本通北大路
紫明小
北大路通
下鴨芝本町
大谷大
烏丸通
下鴨中川原町
堀川北大路
181
北区役所
鴨川公園
京都市
左京区
下鴨中通
島津製作所
下鴨松ノ木町
加茂街道
出雲路橋
堀川紫明
上善寺
下鴨神社
天寧寺
下鴨本通
下鴨小
まちの雑学
くらまぐち
西園寺
玄武公園
上御霊神社
上御霊前通
鴨川沿いの遊歩道を快適に走る
地下鉄烏丸線
慈雲院
本法寺
慈照院
寺町通
総合支援学校
今日庵(裏千家)
妙顕寺
烏丸中
京都産業大附属中·高
河合神社
不審庵(表千家)
御蔭通
阿弥陀寺
承天閣美術館
室町小
大光明寺
報恩寺
相国寺
38
堀川寺之内
恵聖院
京都家庭裁判所
瑞春院
上立売通
葵橋
葵橋東詰
上京保健所
寒梅館
道幅狭くクルマの交通量多い。京都御所内を通り抜けてもよい
出町橋
吉信本鶴店屋
4
同志社大
大聖寺
白峯神宮
河合橋
河原町通
今出川通
いまでがわ
同志社大
京都御苑内を走り抜けることもできる
でまちやなぎ
上京区役所
堀川今出川
西陣織会館
小川特養老人ホーム
河原町今出川
賀茂大橋
京阪鴨東線
了徳寺
油小路通
新町通
烏丸今出川
川端通
明神社
京都御所
乾御門
京極小
賀茂大橋をくぐってから今出川通へ

Villege Vangerd京都北山【雑貨】

おもしろグッズ満載の雑貨屋さん。書籍があると思えば、駄菓子から可愛い小物まで。店内は見ているだけでも楽しめるワンダーランド。㊫＝10:00〜23:00／㊡＝無休／☎075-707-6523

明治時代になるまで天皇が住まわれていたことから、京都には皇室ご用達ブランドがたくさんある。なかでも和菓子の老舗に多く、そういう和菓子屋は京都御所周辺に集中している。

宝ヶ池はもともと江戸時代に造られた溜池だった。

8

京都市左京区

比叡山麓の景勝地 洛北の名園を訪ねて

市内の中心部からわずかばかり離れた比叡山の麓には、どこか凛々しく澄んだ空気が漂う。緩やかな坂道を上り下りしながら、曼殊院門跡や圓光寺、詩仙堂など、庭園と紅葉の美しい洛北の名勝をめぐる約12.7km。

宝が池公園①は、一般的な京都の観光用ガイドブックにはあまり紹介されていない。名所・旧跡が数多くある京都では、つい興味がそちらに向いてしまうからだ。しかし、広々とした公園は、自転車でぶらりと走るには最適のフィールドである。面積約62.7ha、池の周囲と岩倉川に沿って遊歩道(自転車走行可)が整備されている。雑木林に包まれた園内には梅林園や菖蒲園などがあり、春のサクラ、秋の紅葉を楽しめる。そもそも公園のある松ヶ崎一帯は、古くから景勝地として知られる場所で、緑がとても豊かなのだ。

高野川の東には圓光寺⑤や詩仙堂⑥、金福寺など、四季折々の風情を醸し出す史跡や名刹が点在している。それぞれ紅葉の名所としても有名だ。日本庭園の最高峰ともいわれる修学院離宮③は事前の申込みが必要だが、機会があればぜひ見てみたい。

水の流れを表した砂のなかに鶴島と亀島を配した枯山水庭園のある曼殊院門跡④は、5月初旬には霧島ツツジが赤いじゅうたんのように花をつけ、秋にはモミジが鮮やかに染まる。ツバキ、ウメ、サルスベリ、リンドウ、サザンカなどの花が四季を通じて咲き誇る名勝である。

1 宝が池公園

京都市北部に位置する自然豊かな公園。山林や芝草の広場、池や川などがあり、地元の人が憩う観光客の少ない穴場スポット。ウメやサクラ、ヤマツツジなど春の花が美しい。

2 赤山禅院《せきざんぜんいん》

仁和4年（888）創建。比叡山の西麓にある延暦寺の塔頭。京都の表鬼門に位置し、王城鎮守、方除けの神として信仰が厚い。都七福神の福禄寿の寺で、紅葉の名所。㊐＝9:00〜16:30／☎075-701-5181

3 修学院離宮

17世紀中ごろに後水尾上皇によって造営。上・中・下の離宮からなり、借景の手法を取り入れた庭園は、紅葉の時期が最も美しい。参観には1カ月前までに宮内庁に申込みが必要。☎075-211-1215

4 曼殊院《まんしゅいん》門跡

延暦年間（728〜806）に創建された天台宗の門跡寺院。大書院前に広がる枯山水庭園は、江戸時代前期の大名小堀遠州の作といわれる。紅葉の美しさも有名。㊐＝9:00〜17:00／㊡＝無休／㊎＝600円／☎075-781-5010

5 圓光寺

慶長6年（1601）に徳川家康が僧侶や武士に儒学などを習わせるために開いた学問所が起源。「十牛の庭」と呼ばれる庭園の紅葉はあまりにも鮮やか。㊐＝9:00〜16:30／㊡＝無休／㊎＝400円／☎075-781-8025

6 詩仙堂

徳川家康の家臣であった石川丈山が造営した別荘。中国の詩家36人の肖像画が壁に掲げられた「詩仙の間」が名前の由来だ。サツキと紅葉が有名。㊐＝9:00〜17:00／㊡＝5月23日／㊎＝500円／☎075-781-2954

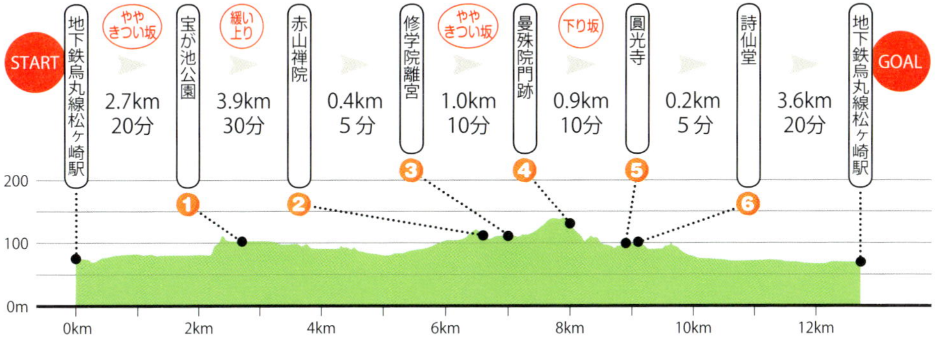
START
地下鉄烏丸線松ヶ崎駅
ややきつい坂
2.7km
20分
宝が池公園
緩い上り
3.9km
30分
赤山禅院
0.4km
5分
修学院離宮
ややきつい坂
1.0km
10分
曼殊院門跡
下り坂
0.9km
10分
圓光寺
0.2km
5分
詩仙堂
3.6km
20分
地下鉄烏丸線松ヶ崎駅
GOAL
1
2
3
4
5
6
200
100
0m
0km
2km
4km
6km
8km
10km
12km

INFORMATION

赤山禅院、修学院離宮、曼殊院門跡は比叡山の麓に位置し、高野川から東に向って上り坂となる。けっこうきつい。各寺院へは標識が頻繁にあるので、それに従えば迷わずに行ける。

8 比叡山麓の景勝地、洛北の名園を訪ねて

ちょっと寄り道

カフェ・プッチ【カフェ】

イタリアのエスプレッソメーカー「illy」のコーヒーと、素材を生かしたパニーニ、韓国風オリジナルフードが自慢のカフェ。テラスからは比叡山が望める。㊡＝11:00〜19:00／㊡＝水曜／☎075-204-1543

修学院離宮道に立つ赤山道の道標。左折すると赤山禅院

左折すると圓光寺。路地にはしばしば案内板が立つ

一乗寺下り松。剣豪宮本武蔵が吉岡一門と闘ったといわれる場所に石碑とマツがある。古株は八大神社に。

約12.7km
約1時間20分

上賀茂社家の町並みをのんびりと走る。

9 京都市北区

洛北で自然豊かな風景に触れる

心静かに落ち着いて京都をめぐりたい。
そんなときにおすすめの地が洛北エリア。
自然豊かな風景を楽しみながらも、京都らしい品格と質を保持している名所をたどる。

スタートしてすぐに、金閣寺前の道を北へ進む。このあたりは天皇御陵が多く、平安時代から皇族にゆかりが深い土地だ。観光客はあまり通らない道をしばらく走ると、しょうざん①へ到着。広い日本庭園を散歩しよう。

川沿いの木陰の涼しげな道を通り過ぎると、右手に勾配のきつい上り坂が現れる。ここは無理をせずに押して進んでもよいだろう。源光庵②では、悟りの窓や血天井が有名。特に紅葉シーズンは人気が高い。

正伝寺③へは少し距離を走る。道中の長い下り坂ではスピードの出しすぎに注意。正伝寺でも血天井があるが、何といってもこのお寺は、中秋の名月を観賞する名所として有名。

東へしばらく走り、鴨川を渡ると上賀茂神社④。広い境内と周辺の社家のきれいな町並みを楽しめる。

鴨川沿いを南へ、北大路通まで行ったら西へ進むと、一休さんでも有名な大徳寺。幾つか拝観可能な塔頭があるが、今回は枯山水で有名な大仙院⑤に立ち寄ろう。

最後に、大徳寺北側にある今宮神社⑥。参拝後には、名物あぶり餅を食べるのも旅の締めくくりによいだろう。

1 しょうざん

着物メーカー「しょうざん」が開いた施設。3万5000坪の広大な敷地内に広がる日本庭園は、ウメの名所として有名。茶室などの建物は大徳寺から移築された。㊐=9:00〜17:00／㊡=無休／¥=480円／☎075-491-5101

2 源光庵

貞和2年(1346)に創建。本堂には、禅の境地を表した「悟りの窓」(円い窓)と、人生の苦労を表した「迷いの窓」(四角い窓)がある。㊐=9:00〜17:00／㊡＝無休／¥=400円／☎075-492-1858

3 正伝寺

弘安5年(1282)に創建。重要文化財の本堂(方丈)は、伏見城の御正殿を移築したもの。血染めの廊下板を使った血天井や庭園、襖絵も見逃せない。㊐=9:00〜17:00／㊡=無休／¥=300円／☎075-491-3259

大仙院
DAISEN-IN

4 上賀茂神社

世界遺産。正しくは賀茂別雷神社。平安遷都後には下鴨神社とともに王城鎮護の神とされた京都最古の社のひとつ。㊐=9:00〜16:00／☎075-781-0011

5 大徳寺大仙院

石と砂だけで、蓬莱山からの水が大海に注ぐ風景を表現した枯山水の庭園が見所。㊐=9:00〜17:00／㊡=無休／¥=400円／☎075-491-8346

6 今宮神社

正暦5年(994)、京に流行った疫病を払うために行われた紫野御霊会が神社の起源。境内には厄災を除くとされる疫神社が建つ。また毎年4月に開かれる、やすらい祭りも有名。㊐=9:00〜17:00／☎075-491-0082

START
京都市営バス金閣寺道バス停
1.5km 10分
しょうざん
急な上り坂あり
1.1km 5分
源光庵
下り坂
2.3km 15分
正伝寺
1.6km 10分
上賀茂神社
遊歩道を走る
3.9km 25分
大徳寺大仙院
0.8km 5分
今宮神社
1.5km 10分
京都市営バス金閣寺道バス停
GOAL
300
200
100
0m
0km
2km
4km
6km
8km
10km
12km

INFORMATION

途中、勾配21%のきつい上り坂がある。ここは自転車から降りて押して進んだ方がよいだろう。長い下り坂ではスピードの出し過ぎに注意。

9 洛北で自然豊かな風景に触れる

急な上り坂は源光庵の手前で現れる。ここは無理をせずに

まちの雑学

しょうざん、源光庵界隈を「鷹峯」と呼ぶ。ここは琳派の始祖である本阿弥光悦が徳川家康からこの地を与えられ、芸術村としてコミュニティを作ったことで有名。

KCTP金閣寺サイクルターミナル
㊪=9:30〜17:00/㊡=無休/¥=1日1000円〜/☎075-354-3636

西賀茂柿ノ木町
上賀茂朝露ヶ原町
西賀茂丸川町
4 上賀茂神社
神光院前
鹿ノ下公園
大宮小
ちょっと寄り道
大田神社前
西賀茂児童公園
御薗橋
上賀茂神社前
上賀茂の社家
上賀茂岡本口町
御薗橋通
御薗橋通大宮
御薗橋西詰
鴨
大宮通
上賀茂土門町
川
加茂川小
高麗美術館
上賀茂橋
紫竹小
上賀茂高縄手町
玄以通
グルメシティ
上賀茂桜井町
きたやま
総合資料館
北山大橋
半木の道
京都府立植物園
紫竹栗栖町
船岡東通
新町通
地下鉄烏丸線
温室
京都市左京区
ちょっと寄り道
猪ノ熊通
今宮通
京都府立大
京都市北区
北大路ビブレ
芳春院
大徳寺大仙院
5
きたおおじ
聚光院
大徳寺
立命館小
367
三玄院
烏丸北大路
北大路橋
紫明小
下鴨中川原町
北大路通
38
龍源院
大谷大
瑞峯院
烏丸通
徳禅寺
養徳院
堀川北大路
181
北区役所
鴨川公園
京都教育大附属京都小
北大路大宮
紫野小
島津製作所
京都教育大附属京都中
加茂街道
烏丸紫明
社会保険京都病院
紫明通
建勲通
堀川紫明
閑臥庵
上善寺
出雲路橋

神馬堂【菓子・みやげ】

焼餅で有名な神馬堂の創業は明治5年(1872)。上賀茂神社の神馬小屋のそばで茶店を開いていたのが屋号の由来。正式名称は上賀茂神社の葵の神紋にちなんだ「葵餅」。(営)=午前中／㊡=水曜／☎075-781-1377

レモン館大徳寺店【カフェ】

町家を改装したカフェ。店内はアンティーク風の雰囲気が漂う。ケーキセットには、井戸水でたてたコーヒー、それにレモンのシャーベットがついてくるのが魅力的。(営)=11:00～18:00／㊡=月曜／☎075-495-2396

鴨川遊歩道へはスロープがついている

爽やかな川風が気持ちのよい鴨川遊歩道

鴨川の遊歩道はサクラ並木

北大路橋をくぐったらスロープを上がって北大路通へ

係員の指示に従って、門をくぐったところに駐輪する

クルマの交通量が多い

桂川サイクリングロード。遠くに嵐山を望む。

10

京都市西京区、右京区

鈴虫寺、苔寺、竹の寺 洛西の深い緑に包まれた古刹をめぐる

緑豊かな松尾山の山裾に延びる東海自然歩道をたどって、鈴虫寺や竹の寺など、個性的な寺社をめぐる約5.6km。桂川沿いのサイクリングロードを北に走れば名勝嵐山も近い。

松尾大社①は、酒造の神として信仰される古社。境内には亀の井という神泉があり、酒造家はこの水を仕込み水に混和して用いるという。本殿は応永4年（1397）の建造。特殊な両流造りで松尾造りと称せられる。重森三玲による庭園は、近代の日本庭園を代表するもののひとつだ。

鈴虫寺の愛称で親しまれる華厳寺②は、松尾大社から松尾山の山裾に沿って路地を南へ走り、「鈴虫寺→」の標識に従って行けばいい。サツキやシャクナゲなど、四季折々の花や木々と、苔や竹林などが調和する境内に一年中清らかな鈴虫の声が響く。住職のユーモア溢れる説法と、どんな願いもひとつだけ叶えてくれるという幸福地蔵が有名。全国から訪れるたくさんの参拝者で、休日などは長蛇の列ができる。

さらに道なりに進むと世界遺産にも登録されている西芳寺（苔寺）③、参道の見ごとな竹林から竹の寺と呼ばれる地蔵院④が続く。苔寺は夢窓国師による一面苔に覆われた美しい庭園を持つ寺だが、見学には事前予約が必要。

後半は桂川サイクリングロード⑤を快走する。コースは梅宮大社⑥に立ち寄ってゴールとなるが、ちょっと足を延ばして嵐山まで行ってみるのもいい。

1 松尾大社

5、6世紀ごろに大陸から渡来した秦氏によって創建されたといわれ、酒造の神として仰がれる。開＝5:00～18:00（庭園などの拝観時間は9:00～16:00）／㊡＝無休／¥＝庭園拝観500円、境内無料／☎075-871-5016

2 華厳寺（鈴虫寺）

享保8年（1723）に華厳宗の再興のために開かれ、現在は臨済宗に属する禅寺。京都市内を一望する松尾山麓にたたずみ、1年中、鈴虫の音色が響く。開＝9:00～17:00／㊡＝無休／¥＝500円／☎075-381-3830

3 西芳寺（苔寺）

約120種の苔が境内を覆い、神秘的な美しさを漂わせる。上下二段構えの庭園は、上は枯山水、下は池泉回遊式。拝観には1週間前までに往復はがきによる申込みが必要。¥＝3000円／☎075-391-3631

4 地蔵院（竹の寺）

貞治6年（1367）細川頼之が創建。一休禅師が幼少のころを過ごした臨済宗の寺である。参道の竹林の美しさから、通称竹の寺と呼ばれている。開＝9:00～16:30／㊡＝無休／¥＝500円／☎075-381-3417

5 桂川サイクリングロード

嵐山から木津まで、桂川および木津川に沿って延びるサイクリングロード。正式名称は京都八幡木津自転車道線といい、総延長は約45km。沿道には松尾大社のほか、法輪寺や岩清水八幡宮などの名所が点在する。

6 梅宮大社

授子安産と醸造守護の神を祀る神社。本殿横の「またげ石」をまたぐと子宝に恵まれるといわれている。神苑の花も美しい。開＝9:00～17:00（神苑）／㊡＝無休／¥＝神苑500円、境内無料／☎075-861-2730

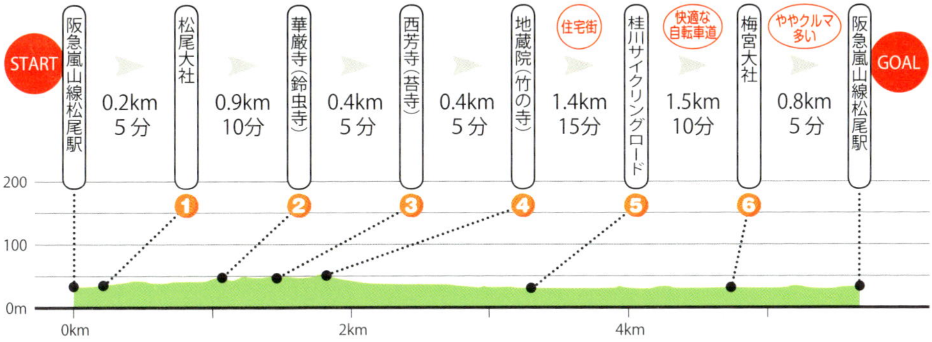

START
阪急嵐山線松尾駅
0.2km 5分
松尾大社
0.9km 10分
華厳寺（鈴虫寺）
0.4km 5分
西芳寺（苔寺）
0.4km 5分
地蔵院（竹の寺）
住宅街
1.4km 15分
桂川サイクリングロード
快適な自転車道
1.5km 10分
梅宮大社
ややクルマ多い
0.8km 5分
阪急嵐山線松尾駅
GOAL
200
100
0m
0km
2km
4km

INFORMATION

桂川サイクリングロードをそのまま北上すれば約2kmでサクラと紅葉の名勝地、嵐山だ。世界遺産の天龍寺など見どころがたくさんあるので、余裕があれば足を延ばしてみよう。

6 梅宮大社
駐輪場あり
梅宮大社前
四条通
クルマの交通量多い
橋の上からの眺めがよい
交差点付近は交通量が多いので注意
サイクリングロードを北へ走れば約2kmで嵐山
5 桂川サイクリングロード
サイクリングロードは木津まで約45kmにわたって延びている
快適なサイクリングロード
水路沿いの道
P 松尾モータープール 営=9:00～16:00／休=無休／¥=3時間まで1000円、1日2000円
1 松尾大社
駐輪場あり
路地
START
GOAL
松尾大社
まつお
阪急嵐山線
松尾橋
京都銀行
月読神社
月読神社の先で東海自然歩道の標識に従い路地を右折
京都市右京区
梅津北川町
梅津中
梅津林口町
梅津徳丸町
大国屋
梅津西浦町
フレンドマート
サンコール工場
梅津小
梅津中村町
桂川運動公園
梅津尻溝町
嵐山ロイアルハイツ
梅津前田町
フレスコ
梅津罧原町
上桂今井町
体育館
中溝公園
松室北河原町
松尾中
香林寺
松室河原町
松室扇田町
嵐山東公園
嵐山宮ノ前町
嵐山朝月町
嵐山東小
嵐山谷ヶ辻子町
桂川
133
186
29

ちょっと寄り道

ブルーオニオン【珈琲】

松尾駅のすぐ近くにあるコーヒー専門店。サンドイッチやトーストなどの軽食メニューも充実。カウンターにはズラリとこだわりのカップが並ぶ。営=9:00～22:00／休=木曜／☎075-882-8050

まちの雑学

月読神社。松尾大社の摂社。境内には、神功皇后が腹を撫でて安産したという月延石が祀られ、古来安産の霊験を慕ってお参りする人が多いという。拝観は自由。

住宅街。「鈴虫寺→」の案内に従って進む
最福寺卍
2
華厳寺（鈴虫寺）卍
3
西芳寺（苔寺）卍
池大雅美術館●
4
地蔵院（竹の寺）
路地
ちょっと寄り道
西 芳 寺 川
松尾神ケ谷町
松室田中町
水路沿いにサクラ並木
郵便局のある交差点を右折
踏切を渡ってすぐ左折
松尾
樹齢推定500年のムクの木
松尾万石町
文松尾小
卍玄忠院
松尾大利町
松尾変電所
松尾上ノ山町
山田岐れ
自転車を押して階段を上ると、間もなく地蔵院
●上ノ山古墳
山田開キ町
山田葉室町
緩やかな下り坂
地蔵院と浄住寺の道標が立つ交差点を左折する
山田南町
京都市西京区
信正寺卍
山田箱塚町
N
0
100
500m
1:9,600
松尾東ノ口町
上桂前川町
光専寺卍
上桂大野町
松尾鈴川町
上桂公園
上桂東居町
長恩寺卍
123
かみかつら
上桂西居町
上桂前田町
文桂中
上桂宮ノ後町
山田畑田町
グルメシティ●
上桂三ノ宮町
山田庄田町
上桂森下町
29
9
西京区役所
●京都市西文化会館
トヨタカローラ●
山田久田町
山田南山田町
桂乾町
山田局
●ショップ五条

至心庵【食事処】

華厳寺の正面にあるそばとうどんの店。みたらし団子やわらび餅、抹茶プリンなどのデザートも人気。店内のテーブルにはアンティークなランプが置かれている。㊂=9:00〜17:00／㊡=不定休／☎075-381-9027

「京のお酒は女酒」。そんな全国的に有名な伏見の酒蔵。

11 京都市伏見区、南区

水に由来する地 とっておきの伏見

京都市の南に位置する伏見。
昔は「伏水」と書いたように、「水」に由来する地でもある。
名水と酒蔵、そして有名な神社仏閣まで、このエリアの魅力を探る。

伏見に点在する名所を効率よくめぐるコース。最初は紅葉で有名な東福寺①。秋のシーズン以外はとても静かで、のんびり大きな境内を散策できる。また周辺の塔頭を訪れるのもよいだろう。

伏見稲荷大社②へは交通量が多く細い道を走行するので注意。お稲荷さんはさすがに全国稲荷社の総本山。無数とも思えるほどの朱に染められた鳥居は、我々を異次元の世界へ引き込んでゆく。さらに細い坂道を上り、墓地を通過。石峰寺③では竹林のなかに五百羅漢さんが安置されており、思わずカメラを取り出したくなる。

疎水沿いの道を快適に走行しながら、さらに南へ。鳥羽伏見の戦いの場にもなった御香宮神社④。本殿前に名水百選にも選ばれている御香水が湧き出ている。

街中を通過すると大きな酒蔵が建ち並んだエリアに入る。そのひとつが月桂冠大倉記念館⑤。酒造りの工程や歴史を学習できる。試飲もできるが、残念ながら自転車は飲酒運転となるので我慢。最後に寺田屋⑥を訪れる。このエリアは激動の時代であった幕末期のメインステージのひとつでもあるのだ。竜馬通商店街を散策するのも楽しいだろう。

1 東福寺

臨済宗東福寺派の本山。鎌倉時代、九条道家が菩提寺として京都最大の寺を造ろうとしたのが始まりで、建長7年(1255)に完成。(開)＝9:00〜16:00／(休)＝無休／(¥)＝400円／☎075-561-0087

2 伏見稲荷大社

全国のお稲荷さんの本家本元。参道の鳥居は「千本鳥居」と呼ばれ、山全体が御神体となっている。今ではもっぱら商売繁盛の神として全国から多くの人が祈願に訪れる。(開)＝8:30〜16:30／☎075-641-7331

3 石峰寺

本堂背後の竹林に立つ石の仏たちは、伊藤若沖の下絵をもとにした釈迦誕生から涅槃にいたるまでを表す五百羅漢。(開)＝9:00〜17:00／(休)＝無休／(¥)＝300円／☎075-641-0792

4 御《ご》香《こう》宮《ぐう》神社

平安時代、境内から病気に効く香りのよい水が湧き出たので清和天皇がこの名を贈った。小堀遠州ゆかりの美しい石庭がある。(開)＝9:00〜16:00／(休)＝無休／(¥)＝庭園拝観200円／☎075-611-0559

5 月桂冠大倉記念館

酒造会社・月桂冠の記念館。伝統的な酒蔵のなかで、伏見の酒造りの行程が見学できる。(開)＝9:30〜16:30／(休)＝月曜(祝日の場合は開館)／(¥)＝300円／☎075-623-2056

6 寺田屋

江戸時代の淀川三十石船の発着地点にあった旅籠。文久2年(1862)の寺田屋騒動や、坂本龍馬とおりょうの出会いの場としても有名。(開)＝10:00〜15:40／(休)＝無休／(¥)＝400円／☎075-622-0243

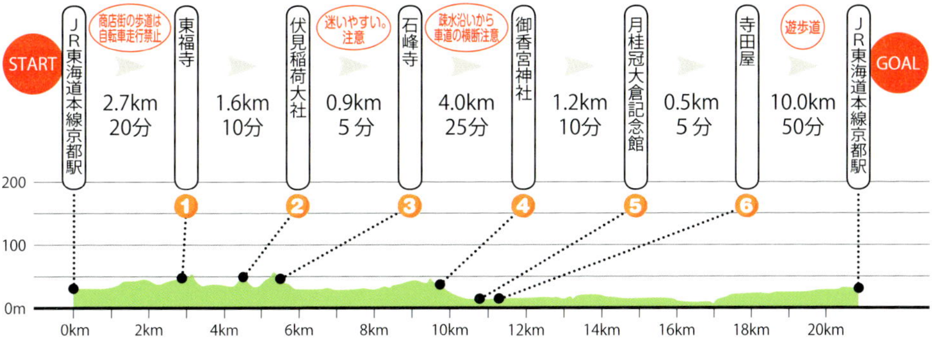
START
JR東海道本線京都駅
商店街の歩道は自転車走行禁止
2.7km 20分
東福寺
1.6km 10分
伏見稲荷大社
迷いやすい。注意
0.9km 5分
石峰寺
疏水沿いから車道の横断注意
4.0km 25分
御香宮神社
1.2km 10分
月桂冠大倉記念館
0.5km 5分
寺田屋
遊歩道
10.0km 50分
JR東海道本線京都駅
GOAL
200
100
0m
0km
2km
4km
6km
8km
10km
12km
14km
16km
18km
20km

INFORMATION 疏水沿いは、道幅が狭いので歩行者に注意。また、道路を横断する際には、信号がないので注意が必要。

11 水に由来する地、とっておきの伏見

KCTP京都サイクルターミナル
㊮=9:00～19:00／㊡=無休／(¥)=1日1000円～／☎075-354-3636／
帰路、伏見サイクルターミナルへの返却も可能。

KCTP伏見サイクルターミナル
㊮=9:00～19:00／㊡=無休／
(¥)=1日1000円～／☎075-354-3636

疏水沿いの道を快適に走る

ちょっと寄り道

Coffee 山川【カフェ】

珍しいオートマチックな焙煎機を持つ、自家焙煎のコーヒー屋さん。ブレンドだけでも3種類用意され、コーヒーに慣れてない方でも飲みやすい味を提供してくれる。㊮=7:30～18:00(土・日・祝日は～17:00)／㊡=木曜／☎075-561-7361

交通安全の神社、城南宮

松本酒造を背景にした撮影スポット

鳥せい本店【食事】

焼き鳥料理の名店。ここ本店では酒蔵跡を利用し、広々とした空間のなかでおいしい鳥料理が楽しめる。ランチタイムはいつもお客さんが並んで待つ人気店。
㊫＝11:30〜23:00／㊡＝月曜／☎075-622-5533

ちょっと寄り道

まちの雑学

伏見には名水が湧き出ているところが多く、飲み比べをするのも一興。それ故、お酒の産地ともなっており酒蔵の町といっていいほど、多くの酒蔵が残っている。ただし、サイクリング中の飲酒はご法度。

約7.8km

約1時間10分

中ノ島に架かる喜撰橋と高さ約15mの十三重石塔。

12 宇治市

宇治川に沿って、世界遺産と源氏物語ゆかりの舞台を走る

宇治川を中心に花を咲かせたみやびな王朝文化は、千年のときを越えて今もこの地に香る。世界遺産の平等院と宇治上神社、そして源氏物語宇治十帖の古蹟をめぐる約7.8km。歴史と文化と自然が織り成す悠久の地を走る。

JR奈良線宇治駅をスタートして宇治橋通商店街を抜けると宇治橋西詰に出る。そこに源氏物語を記した紫式部の像と、宇治十帖の最終章「夢浮橋」の古蹟がある。源氏物語全編54帖のうち後半10帖の舞台は宇治。とうとうと流れる宇治川の周辺には、その古蹟が点在しているのだ。ひとつひとつめぐってみると王朝ロマンに誘われる。右岸には源氏物語ミュージアムがあり、華やかな物語の世界を映像や衣装、調度品によって分かりやすく紹介しているほか、文献や史料に触れることができる。

宇治橋西詰から東に延びる賑やかな通りは、平等院①の参道だ。飲食店やみやげもの屋が軒を連ね、店からはほのかに茶の香りが漂ってきたりする。いつも人通りが絶えない。ここは自転車を押して歩こう。

宇治川左岸はサクラ並木の散策路になっている。昔、このあたりの川瀬にアユの稚魚を捕る網代を組んだ木があったことから、あじろぎの道と呼ばれている。宇治公園などに寄り道しながら川沿いを走っていくと、観光客の賑わいは徐々に遠くなって川岸には山が迫り、緑がグッと濃くなる。天ヶ瀬吊橋②で対岸へ渡り、宇治上神社⑤や三室戸寺⑥を訪れよう。

平等院

1 平等院

永承7年(1052)に宇治関白藤原頼道が、父道長の別荘を改めた寺院。大屋根には鳳凰が飾られる。宇治川沿いの遊歩道からも優美な姿がわずかに望める。㊒=8:30～17:30／㊡=無休／㊎=600円／☎0774-21-2861

2 天ヶ瀬吊橋

平等院から宇治川沿いのあじろぎの道を約1.8km走ったところに架かる吊橋。さらに800mほど上流には、高さ約73m、幅約254mのドーム型アーチ式ダム、天ヶ瀬ダムがある。周辺は山が迫り渓谷になっている。

3 興聖寺

曹洞宗の名刹。約200mにわたる参道は、脇を流れる小川のせせらぎが琴の音に似ていることから琴坂と呼ばれる。春にはサクラ、秋には紅葉の鮮やかなトンネルになる。㊒=9:00～17:00／☎0774-21-2040

4 宇治十帖モニュメント

光源氏の孫匂宮と物語のヒロイン浮舟が、小船で宇治川に漕ぎ出す宇治十帖の代表的なシーンをモチーフにしたモニュメント。朝霧橋のたもとにあり、朱色の欄干を背景にした絶好の撮影スポットになっている。

宇治上神社

5 宇《う》治《じ》上《がみ》神社

世界遺産。本殿は平安時代後期に造営されたとみられており、現存する神社建築としては国内最古。拝殿は鎌倉時代初頭のもので寝殿造りの様式を伝える。㊒=9:00～16:30／☎0774-21-4634

6 三《み》室《むろ》戸《と》寺《じ》

西国33ヶ所の十番札所で、創建は約1200年前。花の寺としても知られ、ツツジ、アジサイ、ハスなどが境内を彩る。㊒=8:30～16:30(11月～3月は～16:00)／㊡=12月29日～31日／㊎=500円／☎0774-21-2067

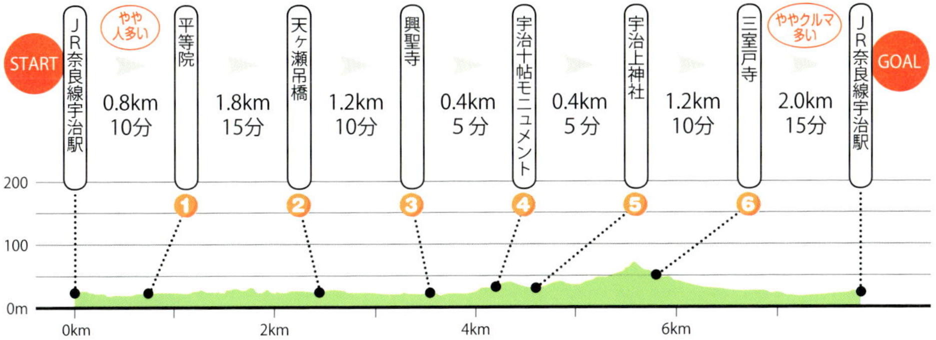
START
JR奈良線宇治駅
やや人多い
0.8km 10分
平等院
1.8km 15分
天ヶ瀬吊橋
1.2km 10分
興聖寺
0.4km 5分
宇治十帖モニュメント
0.4km 5分
宇治上神社
1.2km 10分
三室戸寺
ややクルマ多い
2.0km 15分
JR奈良線宇治駅
GOAL
200
100
0m
1
2
3
4
5
6
0km
2km
4km
6km

INFORMATION

JR奈良線宇治駅前およびあじろぎの道に観光案内所があり、周辺情報や地図などが得られる。平等院のある右岸に比べ、宇治上神社のある左岸のほうが緑が濃くひっそりとしていて、走っていても気持ちがいい。

12 宇治川に沿って、世界遺産と源氏物語ゆかりの舞台を走る

車田
北内
みむろど
京都銀行
7
菟道稚郎子皇子墓
京阪宇治線
241
手習の古蹟
田中
うじ
東内
クルマの交通量多い。歩道は自転車通行可
商店街
宇治橋東詰
宇治市源氏物語ミュージアム
宇治橋西詰
宇治市民会館
宇治橋
放生院
宇治カトリック教会
ユニチカ宇治工場
ホームセンターコーナン
紫式部の像。トイレあり
江戸時代、朝廷や幕府の御用茶師を務めた上林春松家の資料館
木々に包まれたさわらびの道
JR奈良線
あがた通り
4
宇治十帖モニュメント
橘橋
宇治神社
宇治局
15
上林記念館
START
GOAL
うじ
観光案内所
朝霧橋
妙楽
サクラ並木
宇治公園
橘島（中ノ島）
1
平等院
宇治福寿園工房
浄土院
鳳翔館
縣神社
宇治警察署
若森
宇治橋通商店街
NTT
壱番
宇治市観光センター
塔ノ島
総合庁舎
宇治塔川
喜撰橋
十三石塔
花やしき浮舟園
菟道小
ハローワーク
善法
菟道第二小
フレンド マート
入龍宮
折居台三丁目
琵琶台

ちょっと寄り道

ほおづえ【クラフト・カフェ】

平等院の参道から宇治川に抜ける路地に佇む。陶芸家による手作りの器や個性的なキャンドルが並び、緑に包まれたテラスではコーヒーやケーキを楽しめる。㊢＝10:00～18:30／㊡＝月曜、第2日曜／☎0774-23-5298

ちょっと寄り道

ながの【そば】

宇治の抹茶を練り込んだ香り高い手打ちそばが味わえる。「初めはつゆをつけずに香りを楽しんで」と声をかけられて出される茶そばは800円。㊢＝10:30～14:30ごろ（そばがなくなり次第終了）／㊡＝火曜／☎0774-21-2836

宇治川土手上の遊歩道あじろぎの道。分岐は左へ

P 宇治駐車場
㊢＝8:00～18:00（12月～2月は8:30～17:30）／㊡＝無休／㊎＝1回700円

6
三室戸寺
三室戸寺まで緩やかに上る
自転車は山門受付横の駐車場に止めて歩く
戦川
明星山
▲233
坂を下ったらUターンするようにして路地に入る
三室戸小
住宅街
蜻蛉の古蹟
明星町一丁目
明星町四丁目
明星町二丁目
明星町三丁目
5
宇治上神社
仏徳山
▲132
朝日山
関西電力宇治発電所
興聖寺
3
宇治市
琴坂
自転車は総門前に止めて歩こう
東弾院
東屋の先を右折すると、間もなく宇治上神社
志津川
志津川
光流園
静山荘
まちの雑学
宇治川先陣の碑。王朝ロマンをかきたてられる宇治だが、一方では古くから水陸交通の要衝であったため幾多の合戦の舞台ともなった。なかでも寿永3年(1184)、木曽義仲と源義経の戦いは有名。その故事に因んだ碑が中ノ島に立つ。
3
宇治川
宿木の古蹟
槇ノ尾山
106▲
N
0
100
500m
1:12,500
山と木々と川に挟まれた涼やかな道
分岐は左へ
さわらびばし
2
白虹橋
天ヶ瀬吊橋
吊橋からの宇治川の眺めがよい
府立茶業研究所
寺川
宇治川沿いの気持ちのよい道
天ヶ瀬ダム
靖國寺

京都・奈良レンタサイクル情報

京都や奈良はレンタサイクルが非常に充実しているので、電車などの公共交通機関で観光に訪れても気軽に散走を楽しめる。シティサイクルやMTB、電動アシストつきなど車種も豊富。ガイドツアーなどを実施しているショップもある。

【京都】

●京都サイクリングツアープロジェクト
TEL／075-354-3636
利用時間／9:00〜19:00
定休日／無休
車種と料金／シティサイクル（1日1000円〜）、MTB（1日1500円〜）
最寄り駅／JR東海道本線京都駅（ほかに金閣寺、錦市場、伏見にもターミナルがある）
http://www.kctp.net/

●パッシオーネ
TEL／075-344-0868
利用時間／9:00〜18:00
定休日／木曜日
車種と料金／小径車（半日2100円、1日3150円）
最寄り駅／JR東海道本線京都駅
http://www.passione-kyoto.jp/

●京都ちりんちりん
TEL／075-414-0210
利用時間／8:30〜20:00
定休日／無休
車種と料金／シティサイクル（1日1000円〜）、MTB（1日1800円）など。※配送料200円（2台以上レンタルの場合無料）。回収料は宿泊先の場合100円、提携駐輪場の場合400円。
最寄り駅／京都市中心部、希望の場所にデリバリー
http://www.chirin 2 .com/

●京都ecoトリップ
TEL／075-691-0794
利用時間／9:00〜18:00
定休日／無休
車種と料金／シティサイクル（1日800円〜）
最寄り駅／JR東海道本線京都駅
http://www.kyoto-option.com/

●岩井商会
TEL／075-341-2101
利用時間／9:00〜18:00
定休日／年末年始
車種と料金／シティサイクル（1日1050円）。※保証金3000円
最寄り駅／JR東海道本線京都駅
http://www.iwaishokai.co.jp/

●サイクルハウス大晃
TEL／075-431-4522
利用時間／9:00〜18:30
定休日／水曜日
車種と料金／シティサイクル（1日1000円）、MTB（1日2000円）。※要予約
最寄り駅／地下鉄烏丸線丸太町駅

【奈良】

●奈良レンタサイクル
TEL／0742-24-8111
利用時間／8:30〜18:00（12〜2月9:00〜17:00）
定休日／雨天日
車種と料金／シティサイクル（1日800円、土・日・祝日900円）、電動アシストつき（1600円）
最寄り駅／JR関西本線奈良駅
http://nara-rent-a-cycle.com/

●奈良町情報館
TEL／0742-26-8610
利用時間／10:00〜18:00
定休日／無休
車種と料金／シティサイクル（1日800円）。※保証金1200円
最寄り駅／近鉄奈良線近鉄奈良駅

●近鉄ステーションサイクル　新大宮
TEL／0742-35-0961
利用時間／9:00〜17:00
定休日／年末年始
車種と料金／シティサイクル（1日300円）
最寄り駅／近鉄奈良線新大宮駅
http://www.kintetsu.co.jp/soukatsu/cycle/cycle.html

●明日香レンタサイクル
TEL／0744-54-3919
利用時間／9:00〜17:00
定休日／年末年始
車種と料金／シティサイクル（1日900円、土・日・祝日1000円）
最寄り駅／近鉄吉野線飛鳥駅（ほかに亀石、石舞台、近鉄橿原線橿原神宮前駅にもターミナルあり）
http://www.k-asuka.com/

●近鉄サンフラワーレンタサイクル橿原センター
TEL／0744-28-2951
利用時間／9:00〜17:00
定休日／無休
車種と料金／シティサイクル（1日900円、土・日・祝日1000円）
最寄り駅／近鉄橿原線橿原神宮前駅（ほかに近鉄吉野線飛鳥駅、近鉄大阪線桜井駅にもターミナルあり）
http://www.knt.co.jp/kanren/rentalcycle/index.htm

●近鉄サンフラワーレンタサイクル西大寺センター
TEL／0742-44-8388
利用時間／9:00〜17:00
定休日／年末年始
車種と料金／シティサイクル（1日1000円）
最寄り駅／近鉄奈良線西大寺駅（奈良交通法隆寺バスセンター内にもターミナルあり）
http://www.narakotsu.co.jp/kanren/cycle/index.html

奈良

10
コース

好天時の平城宮跡からは、いにしえの奈良の連峰が東西南と見渡せる。

13 奈良市

いにしえの都 平城京をめぐる

平城宮跡から薬師寺がある西ノ京にかけてのエリアは、奈良時代の日本の首都・平城京の中心地ともいえる場所。各所に残る寺院や広大な宮跡をめぐり、かつての都の隆盛を体感する。

平城宮跡を中心に、古都・平城京のメインエリアをめぐる約13.4km。スタートは近鉄奈良線大和西大寺駅南口。駅近くの寺院・西大寺①に立ち寄ったら、一気に南下。住宅街を通り抜け、尼辻エリアに入れば、古墳や田園風景が広がる絶好のサイクリングコースだ。車道に沿って近鉄橿原線が並走。田園風景の中を電車が走り抜ける景色は、とてものどか。

続いて、唐招提寺②や薬師寺③などの世界遺産がひしめく、コース内でも最も見どころが詰まったエリア。こちらでたっぷりと見学時間を設け、その後は県道122号から佐保川沿いへと続く道を走る。佐保川沿いの並木道は、舗装が整っていて走りやすい。

平城京の最北にあたる法華寺④から平城宮跡⑤界隈は路地が多い。休日には観光客も多数訪れるため、注意しながら通行したい。宮跡内も道路が設けられ、自転車の乗り入れは可能。走りごたえがあり、当時の都の大きさを実感できるはずだ。但し、イベント時は係員の指示に従い、降車しなければならない場合がある。

また、南門広場以北は徒歩での入場になるが、遷都1300年を機に復元＆公開された大極殿は、ぜひとも見ておきたい。

1 西大寺

大茶盛式で有名な寺。かつては南都七大寺のひとつとされ、その隆盛は現在も東塔の礎石に垣間見ることができる。開＝8:30〜17:30(10月〜5月は〜16:30)／㊡＝無休／¥＝400円／☎0742-45-4700

2 唐招提寺

鑑真和上により創建された律宗の総本山であり、世界遺産。金堂や講堂、鑑真和上坐像など天平期の姿を留める国宝が多数。開＝8:30〜17:00(受付は〜16:30)／㊡＝無休／¥＝600円／☎0742-33-7900

3 薬師寺

天武天皇が皇后の病気平癒を願い、建立を発願。「凍れる音楽」と評される東塔など、様式美が光る建築は必見。世界遺産。開＝8:30〜17:00(受付は〜16:30)／㊡＝無休／¥＝800円／☎0742-33-6001

4 法華寺

聖武天皇建立の総国分寺・東大寺と対をなす、光明皇后建立の総国分尼寺。国宝指定の本尊・十一面観音像は、年に数回、特別開扉される。開＝9:00〜17:00／㊡＝無休／¥＝500円／☎0742-33-2261

5 平城宮跡

奈良の古都・平城京の大内裏跡。遷都1300年を迎えた平成22年(2010)には、宮殿の中でも最も重要な建物とされた大極殿を復元。遷都1300年祭特別施設以外、東の東院庭園、西の資料館を含め入場無料。

6 平城宮跡資料館

宮跡での発掘調査や、その研究結果を紹介。木簡や瓦などの出土品を展示するほか、役所や宮殿内の再現コーナーも。開＝平成22年11月7日まで。9:00〜16:30(受付は〜16:00)／㊡＝月曜／☎0742-30-6752

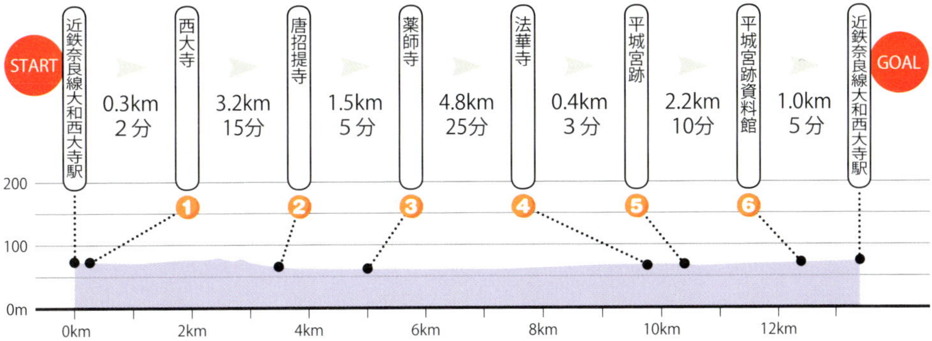

START
近鉄奈良線大和西大寺駅
0.3km 2分
西大寺
3.2km 15分
唐招提寺
1.5km 5分
薬師寺
4.8km 25分
法華寺
0.4km 3分
平城宮跡
2.2km 10分
平城宮跡資料館
1.0km 5分
近鉄奈良線大和西大寺駅
GOAL
200
100
0m
0km
2km
4km
6km
8km
10km
12km

INFORMATION

平城宮跡資料館から大和西大寺駅へ向かう途中にトンネルあり。車道は交通量が多く、カーブで見通しが悪いため危険。通行の際は、降車し、脇にある歩道を進もう。トンネルを抜けた後は、近鉄奈良線の線路に沿って直進。

START
GOAL
1 西大寺
4 法華寺
5 平城宮跡
6 平城宮跡資料館
トンネルは自転車走行危険。降りて通行すること
見落とし注意の十字路。カーブミラーの電柱を目印に左折
道幅狭く見通し悪い。ゆっくりと走行
トイレあり
カーブミラーあり
点滅信号あり
高架の手前、カーブミラーがあるコーナーを右折
トンネルをくぐる
ちょっと寄り道
近鉄京都線
近鉄奈良線
やまとさいだいじ
へいじょう
西大寺小坊町
西大寺本町
西大寺東町(二)
西大寺新町(一)
西大寺北町(四)
西大寺栄町
西大寺南町
西大寺国見町(一)
西大寺国見町(二)
秋篠新町
秋篠早月町
秋篠寺
奈良競輪場
八幡神社
ならファミリー
近鉄西大寺SC
ユタカ
円福寺
佐紀神社
佐紀町
佐紀池
御前池
水上池
コナベ古墳
コナベ池
ウワナベ池
ハジカミ池
歌姫町
航空自衛隊奈良基地資料館
第一次大極殿正殿
南門広場
大極殿跡
埋蔵文化財センター
東院庭園
みやと通り
朱雀門
平城京朱雀大路跡
積水化学
ジョーシン
海竜王寺
法華寺町
二条町
法華寺
二条大路南(一)
二条大路南(二)
二条大路南1
イトーヨーカドー
奈良市役所
長屋王邸跡
奈良警察署
大宮橋
菅原町
菅原神社
菅原はにわ窯公園
喜光寺
菅原
青野町
秋篠川
N
0 100 500m
1:16,200

近鉄サンフラワーレンタサイクル西大寺センター
営=9:00~17:00／㊡=年末年始／¥=1日1000円／☎0742-44-8388
※変速機なしの自転車を多数用意。

MIA'S BREAD【パン・カフェ】

無添加で優しい味わいの創作パンを味わえる。お昼に完売する日もあるため、予約しておくとよい。営=9:30~17:00(パンの販売は11:30~18:30)／㊡=日・月・祝日／☎0742-36-1298

横田福栄堂【おみやげ】

奈良産の五徳味噌を使った「みそせんべい」、鹿をモチーフにした「鹿サブレ」など、この地ならではの銘菓を製造＆販売。営=9:00~17:00／㊡=日曜／☎0742-33-0418

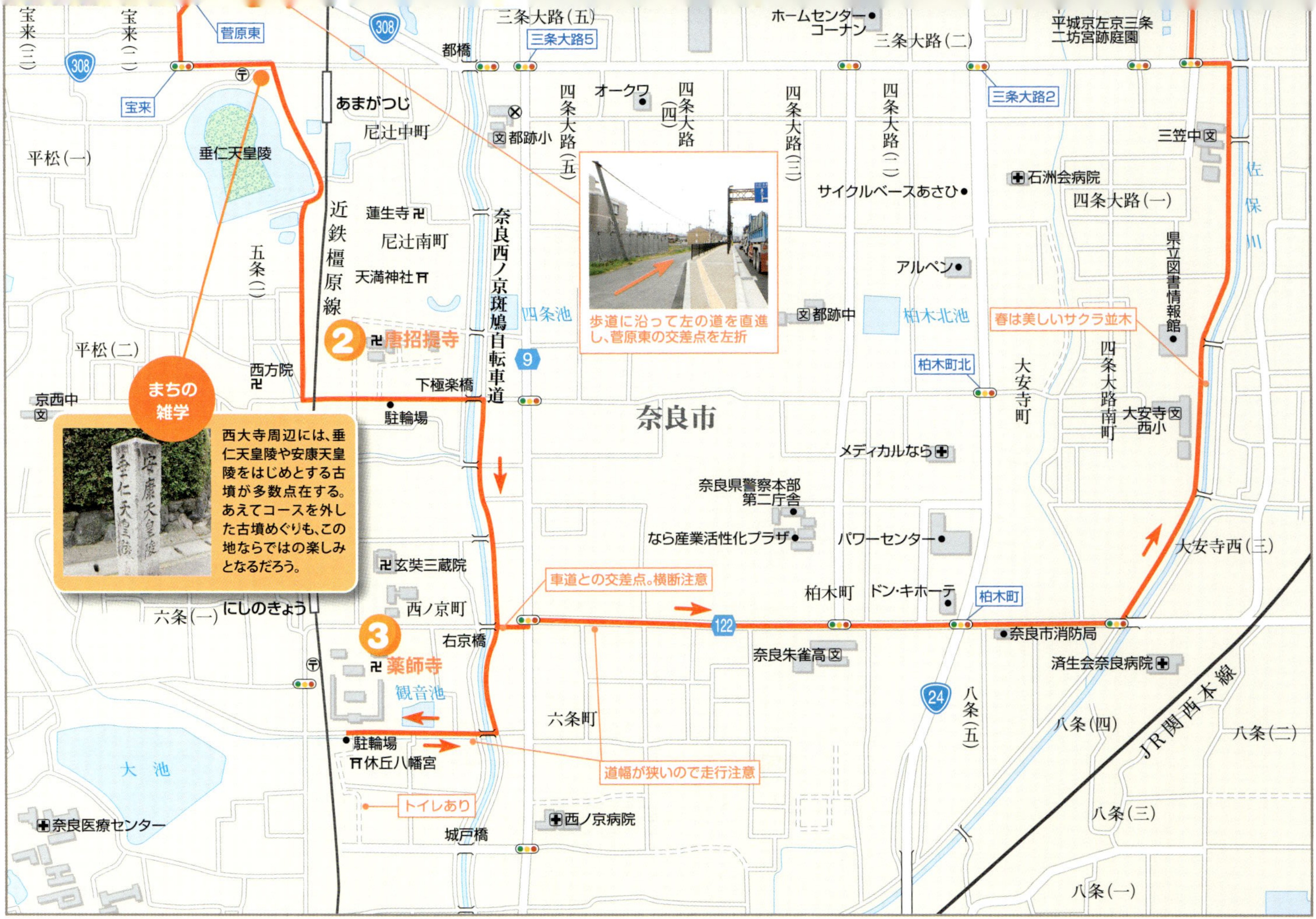

宝来(三)
宝来(二)
308
菅原東
宝来
平松(一)
垂仁天皇陵
あまがつじ
尼辻中町
都橋
三条大路(五)
三条大路5
都跡小
四条大路(五)
オークワ
四条大路(四)
四条大路(三)
四条大路(二)
ホームセンターコーナン
三条大路(二)
三条大路2
平城京左京三条二坊宮跡庭園
三笠中
石洲会病院
サイクルベースあさひ
四条大路(一)
佐保川
県立図書情報館
近鉄橿原線
蓮生寺
尼辻南町
天満神社
五条(二)
奈良西ノ京斑鳩自転車道
四条池
9
歩道に沿って左の道を直進し、菅原東の交差点を左折
アルペン
都跡中
柏木北池
春は美しいサクラ並木
平松(二)
2 唐招提寺
西方院
下極楽橋
駐輪場
京西中
柏木町北
大安寺町
四条大路南町
大安寺西小
奈良市
メディカルなら
まちの雑学
西大寺周辺には、垂仁天皇陵や安康天皇陵をはじめとする古墳が多数点在する。あえてコースを外した古墳めぐりも、この地ならではの楽しみとなるだろう。
奈良県警察本部第二庁舎
なら産業活性化プラザ
パワーセンター
大安寺西(三)
玄奘三蔵院
車道との交差点。横断注意
柏木町
ドン・キホーテ
柏木町
六条(一)
にしのきょう
西ノ京町
122
奈良市消防局
3 薬師寺
右京橋
奈良朱雀高
済生会奈良病院
観音池
六条町
24
八条(五)
八条(四)
JR関西本線
八条(二)
駐輪場
休丘八幡宮
道幅が狭いので走行注意
大池
トイレあり
奈良医療センター
西ノ京病院
城戸橋
八条(三)
八条(一)

約11.5km
約55分

城下町の面影を残す紺屋町。
道路沿いにはお城の堀へと続く水路も。

14 大和郡山市

城下町・大和郡山の自然と金魚の町を楽しむ

大和郡山は、かつて城下町として栄えた面影を残しつつ、江戸期から現在まで続く全国屈指の金魚の養殖地。緑豊かな自然も共存する多様な魅力が詰まった見どころ豊富なエリア。

金魚池に始まり、矢田丘陵の自然、さらに郡山城跡から城下町と、大和郡山の町と自然を満喫できる約11.5km。スタートはJR関西本線郡山駅西口。線路に沿ってしばらく走行。その後、南西へ進めば、金魚池が広がるエリアへとたどり着く。全国有数の金魚養殖地ならではの景観が望める。

金魚池では実際に養殖が行われているので、時期によっては、水中に金魚の姿を見ることも可能だ。

そこから、さらに西へ進めば、緑が広がる矢田エリアへ。その一角にある大和民俗公園は、里山の環境を生かし、四季折々の草木を楽しむことができるスポット。園内への自転車乗り入れは不可。ここでは歩いて、ゆっくりと自然に親しむのがよいだろう。

矢田から東へ走れば、郡山城跡③、さらに城下町エリアへと続く。城跡内には、歴代藩主の自筆書物や絵画を収蔵する施設・柳沢文庫などもあるため、時間があれば散策がおすすめ。城跡の南東、箱本館「紺屋」④周辺には、かつて城下町として栄えた町の面影が残る町家が軒を連ね、水路が通る路地は、ところどころに町の案内板や石碑などもある。

1 郡山金魚資料館

やまと錦魚園に併設された資料館。水槽に泳ぐ金魚約20種の鑑賞、金魚関連資料を展示。見学もできる。㊐=9:00～17:00／㊡=月曜（祝日の場合は開館）／㊎=無料／☎0743-52-3418

2 奈良県立民俗博物館

稲作、お茶作り、山仕事など、奈良古来の民俗文化を紹介。㊐=9:00～17:00（入館は～16:30）／㊡=月曜（祝日の場合は翌日）／㊎=200円／☎0743-53-3171

3 郡山城跡

築城は12世紀。以降、16世紀には筒井順慶、豊臣秀長などが城主となった歴史もあるが、現在の城跡は、江戸期に柳澤15万石の居城として栄えた面影を残す。天守台北面の石垣に積み込まれた「逆さ地蔵」は必見。

4 箱本館《はこもとかん》「紺屋《こんや》」

江戸期の商家を再生した館内で、金魚に関する民芸品の展示を開催。藍染め体験もできる（要予約）。㊐=9:00～17:00／㊡=月曜（祝日の場合は翌日）／㊎=300円／☎0743-58-5531

5 源九郎稲荷神社

御祭神は、伊勢外宮・伏見稲荷大社の御主神と同体の宇迦之御魂神。暮らしに不可欠な、五穀豊穣、商売繁昌、家内安全、厄除開運などの守護神である。名前の由来は、九郎判官・源義経の生涯を守護した功績から。

6 薬園八幡神社

「やこうさん」の名で親しまれる神社。社殿は江戸時代に再建されたものだが、桃山期の様式を色濃く残し、県の指定文化財となっている。また入口に立つ石灯篭の文字は、文人であり画家の柳里恭の筆と伝えられる。

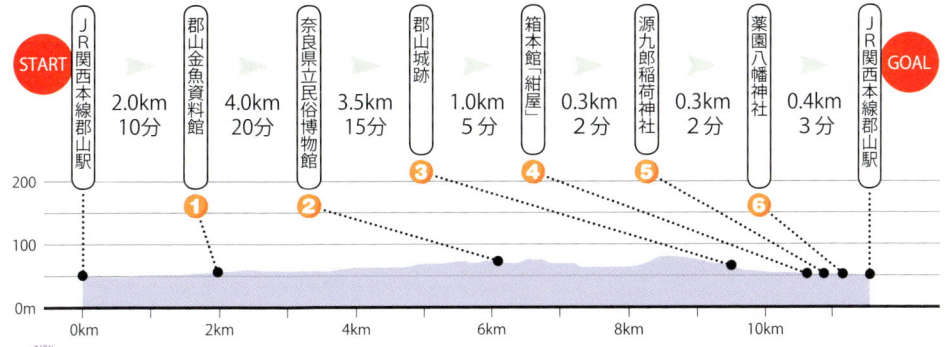

START JR関西本線郡山駅 → 2.0km 10分 → 1 郡山金魚資料館 → 4.0km 20分 → 2 奈良県立民俗博物館 → 3.5km 15分 → 3 郡山城跡 → 1.0km 5分 → 4 箱本館「紺屋」 → 0.3km 2分 → 5 源九郎稲荷神社 → 0.3km 2分 → 6 薬園八幡神社 → 0.4km 3分 → JR関西本線郡山駅 GOAL

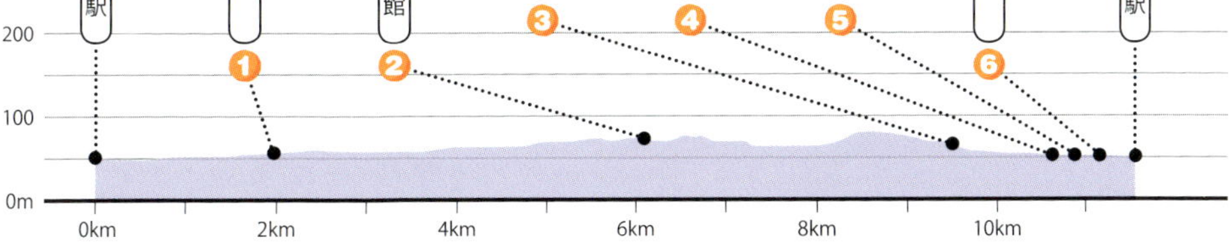

INFORMATION

JR関西本線郡山駅前と箱本館「紺屋」の2カ所にレンタサイクルあり。ただし各所5台ずつの貸出しのため、確実に利用する場合は予約がおすすめ。問合せ・予約は、箱本館「紺屋」（☎0743-58-5531）にて。

14 城下町・大和郡山の自然と金魚の町を楽しむ

奈良市
大和田町
大谷池
城の台
249
大和民俗公園
2
奈良県立民俗博物館
法蔵寺
矢田小
公園内は自転車乗り入れ禁止
駐輪場あり
特養老人ホーム瑞祥苑
矢田
大和郡山市
富雄川
郡山西小
道幅狭く、クルマの交通量多い
奈良工業高専
發志禅院
西林院
田中町北
田中上池
田中下池
沖台川
常称寺
189
外川橋
外川町
千日町
奈良西ノ京斑鳩自転車道（奈良自転車道）
郡山西中
アピタ
田中町垣内
福寿橋
新町
塚本池
西田中町
正念寺
山田橋
田中町西
田中町
249
N
0 100 500m
1:15,150

ちょっと寄り道

そば楽【そば】

石臼自家製粉の手打ちそば処。毎朝粉を挽き、打った麺は、注文ごとに茹でることでそば本来の風味が活きた味わいだ。㊔＝11:00〜15:00（売り切れ次第終了）／㊡＝日・月曜／☎0743-53-1057

ちょっと寄り道

睦実《むつみ》【パン・カフェ】

大和素材をメインにして作る「米粉パン」が自慢のお店。ふんわり＆もっちりな食感がやみつきに。㊔＝10:00ごろ〜17:30ごろ（売り切れ次第終了）／㊡＝月・火曜、第2、4日曜／☎0743-55-6551

右前方のカーブミラーがある坂道を下る。歩行者に注意

まちの雑学

豊臣秀吉の異父弟であり、戦国時代に活躍した武将・大納言豊臣秀長の墓。当時、百万石の城主として、城下の商工業を育成＆発展させた功績を垣間見る。

くじょう
九条町
九条平野町
●清掃センター
九条公園スポーツセンター
オークワ●
41
●西市跡
野上池
秋篠川
代官町
西奈良口町
東奈良口町
城北町
北郡山町
森精機
天理町
植槻町
北郡山町
観音寺町
郡山中
通学路。注意
尼ヶ池
●天理教会
●郡山保健所
文郡山北小
3
郡山城跡
市民会館●
駐輪場あり
北郡山
●やまと郡山城ホール
卍龍巌寺
野垣内町
柳沢神社
柳沢文庫●
冠山町
鰻堀池
本町
卍春岳院
卍良玄禅寺
堺町
雑穀町
南郡山町
トイレあり
文郡山高
大和郡山市役所
城下町らしい風景が残る趣きのある道
永慶寺町
永慶寺卍
鷲池
今井町
卍常念寺
START
GOAL
4
城見町
市立体育館
こおりやま
藤原町
西友
新紺屋町
高田口町
急坂
箱本館「紺屋」
●ハーベス
朝日町
奈良社会保険病院
柳
薬園八幡神社
西方寺
卍実相寺
6
城南町
浄慶寺卍
5
高田町
田北病院
きんてつこおりやま
文郡山南小
大和郡山観光協会。館内にレンタサイクルあり
矢田口
大納言塚
源九郎稲荷神社
●業務スーパー
大宮町
洞泉寺卍
箕山町
八幡神社
●オークワ
見通し悪く細い坂道。自転車を押していく
踏切付近、クルマの交通量多い
鴨池
芦ヶ池
東岡町
キタサイクル(サイクルショップ)
営＝10：00～20：00／休＝木曜／☎＝0743-55-5925
●新木山古墳
西岡町
近鉄橿原線
萬福寺卍
新木町
郡山金魚資料館●
新城神社
9
1
●水玉稲荷大明神
天井町
108
JR関西本線(大和路線)
金魚池が広がる眺めは この地ならでは
天井池
水玉稲荷大明神を越え、カーブミラーがある角を右折
稗田町
西池
本庄池
●さんて郡山(保健センター)
金魚池が広がる景色は壮観。道路脇には溝があるため注意して走行を
●大和郡山市消防本部
本庄町
郡山警察署
大和郡山局
豊浦池
小南町

法隆寺周辺は築地塀が続き、
趣深い町風景が見られる。

15 生駒郡斑鳩町

法隆寺周辺の世界遺産をめぐる歴史散走

法隆寺周辺は、飛鳥時代に聖徳太子が斑鳩宮を造営した場所。当時の文化を伝える建築や仏像が現存し、世界遺産も多い。まさに仏教文化の宝庫と呼べる、いにしえの地である。

法隆寺とその周辺の歴史的遺産をめぐるコース。スタートはJR関西本線法隆寺駅北口。住宅地を通りながら北上し、法隆寺②へ。法隆寺ｉセンターから北へ進めば、法隆寺の玄関口・南大門が見えてくる。すぐに境内へ入りたいところだが、その前に法隆寺から500mほど西にある藤ノ木古墳①へ。その歴史は法隆寺よりも古く、藤ノ木古墳→法隆寺と進むことで、この地の歴史的な時間の推移も実感できるだろう。

法隆寺は伽藍が西院と東院に分かれており、境内は約18万7000㎡もある。国宝や重要文化財も多数保存され、見どころは十二分。中宮寺③とともに、じっくりと拝観しよう。

中宮寺を出たら、斑鳩神社④へ。途中、天満池があり、周囲には自転車で走れる道がある。この道は、法隆寺や中宮寺よりも少し高い丘の上にあるため、わずかに町を見渡すことができる。景色を楽しむため、あえて池の西側から入り、ぐるりと周遊。そして神社へ。

斑鳩神社から法輪寺⑤、法起寺⑥にかけては自転車道もあり、心地よく走行できる。

斑鳩周辺は、休日や観光シーズンには多数の人が訪れる。しかし法隆寺や中宮寺エリアを除けば、道も広く、通行が困難な状況は少ない。

藤ノ木古墳

1 藤ノ木古墳

造営は6世紀後半と推定される円墳。馬具や装身具など豪華な副葬品が多数出土。中央には横穴式石室があり、入口からガラス越しに内部の様子を眺めることができる。周辺は公園として整備され散策は自由。

2 法隆寺

世界最古の木造建築を含む寺院。日本初の世界遺産。(開)=8:00～17:00（11月4日～2月21日は～16:30）／(休)＝無休／(¥)＝1000円／☎0745-75-2555

3 中宮寺

聖徳太子の母・穴穂部間人皇后の発願により建立。(開)=9:00～16:30（10月1日～3月20日は～16:00、受付は各20分前）／(休)＝無休／(¥)＝500円／☎0745-75-2106

4 斑鳩神社

「天満さん」の名で親しまれる、菅原道真公を祀る旧法隆寺村の氏神様。境内には本殿、一殿、二殿と惣社、五所社、白山社、大将軍社、厳島社、恵比須社の6社が祀られている。

5 法輪寺

聖徳太子の子・山背大兄王による建立と伝わる寺。本尊は薬師如来坐像（重文）。(開)=8:00～17:00（12月～2月は～16:30）／(休)＝無休／(¥)＝400円／☎0745-75-2686

6 法起寺

現存最古の三重塔がある寺。法隆寺とは金堂・塔の位置が逆の伽藍配置で知られる。(開)=8:30～17:00（11月4日～2月21日は～16:30）／(休)＝無休／(¥)＝300円／☎0745-75-5559

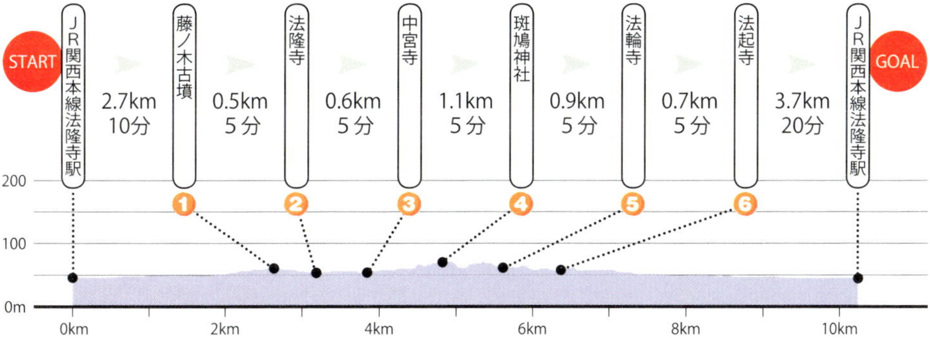
START
JR関西本線法隆寺駅
2.7km 10分
藤ノ木古墳
0.5km 5分
法隆寺
0.6km 5分
中宮寺
1.1km 5分
斑鳩神社
0.9km 5分
法輪寺
0.7km 5分
法起寺
3.7km 20分
JR関西本線法隆寺駅
GOAL
200
100
0m
0km
2km
4km
6km
8km
10km

INFORMATION

JR関西本線法隆寺駅の南ロータリー前と法隆寺入口のｉセンターにレンタサイクルあり。駅前は杉本駐輪場内にて受付。ｉセンターは斑鳩町観光協会の施設で貸出し。1時間200円、1日1000円、2日1600円。

15 法隆寺周辺の世界遺産をめぐる歴史散走

まちの雑学
現在の中宮寺より約400m東に、史跡・中宮寺跡がある。室町時代までは、この位置に存在したとされており、現在も発掘調査が続いている。
ちょっと寄り道
北小路【食事処】
お母さんの手料理がいただける食事処。自家菜園で収穫した野菜で作る惣菜、味噌汁、ご飯などがつく小路定食(650円)が人気。(営)=11:30〜16:30／㊡=不定休／☎0745-75-4060
右前方に法輪寺の三重塔を望む風景はすばらしい
進行方向左手の自転車道へ入る。車道とはコースが違うため注意
コース内では珍しい水辺のサイクリングロード
途中、道が若干曲がっているが、築地塀に沿って直進
参道は降車。歩いていく
トイレあり
駐輪場あり
6 法起寺
5 法輪寺
4 斑鳩神社
3 中宮寺
2 法隆寺
奈良西ノ京斑鳩自転車道
(奈良自転車道)
菅原神社
岡本
三井瓦窯跡
瓦塚池
斑鳩溜池
新池
片野池
天満池
浄念寺
火葬場
法隆寺北(一)
寺前(一)
法隆寺東(二)
中宮寺跡
駒塚古墳
法隆寺グランドホテル
日産プリンス
東福寺(一)
法隆寺東(一)
中宮寺東
9
東院
夢殿
聖徳会館
大宝蔵院
百済観音堂
観音院
宝光院
金堂
五重塔
上御堂
西院
三経院
西円院
西南院
西福寺
特養老人ホーム
慶花池
斑鳩町
法隆寺カントリー倶楽部
桜池

藤ノ木古墳
1
法隆寺西(一)
緩やかな上り坂
法隆寺(一)
レンタサイクルあり
●法隆寺iセンター
法隆寺前
法隆寺東
龍田(一)
斑鳩町役場●
南都銀行●
斑鳩小
法隆寺南(一)
横断のときに右折車に注意
●ドラッグストア 木のうた
●すこやか斑鳩 スポーツセンター
龍田南(一)
●中央公民館
龍田南(二)
菅神社
興留(一)
興留(二)
素盞嗚神社
西念寺
ちょっと寄り道
万代●
興留(五)
南都銀行●
興留(六)
陸橋脇の側道に入る
小吉田(二)
服部(一)
N
0
100
500m
1:10,900
ほうりゅうじ
START
GOAL
JR関西本線(大和路線)
杉本駐輪場内に レンタサイクルあり
阿波(二)
タイムズ法隆寺駅前
㊋=24時間/㊡=無休/Ⓨ=1時間200円(21:00〜8:00、1時間100円)
帰路、信号の手前、左にカーブミラーがある路地を右折
法隆寺南(二)
クルマの交通量の多い道。走行注意
25
上宮遺跡公園
斑鳩東小
法隆寺国際高
成福寺
妙覚寺
法隆寺南(三)
新池
富雄川
東洋シール工業
109
木戸池
●法隆寺自動車教習所
高瀬池
佃池
安堵町

御菓子司 田鶴屋本店【和菓子】

地元で愛され続けるお店。かしわ餅などの生菓子の他、斑鳩の里をイメージした黄味あん入り饅頭「斑鳩の郷山吹」などあり。㊋=9:30〜19:00/㊡=火曜(祝日の場合は営業)/☎0745-75-2567

全長約234mの巨大な古墳、衾田陵を望む。

16 天理市

石上神宮から龍王山麓の古墳地帯へ、山の辺の道を行く

奈良盆地の東、青垣の山裾に続く山の辺《やまのべ》の道は日本書紀にもその名が見られる古道である。田畑の広がるのどかな風景のなかに点在する寺社や古墳が古代ロマンを誘い、遠くに望む山並みや道端の小さな草花も美しい約15.2kmの田舎道。

大和青垣の山裾を三輪山の麓から石上布留《いそのかみふる》を通り、奈良へと通じる道が山の辺の道である。記紀や万葉集にもたびたび登場する古の街道で、寺社、古墳、万葉の歌碑などが点在する。現在では、特に名所の集中する天理と桜井の間が散策路としてよく歩かれ、その道は自転車にとっても非常に魅力的である。

北の起点になるのは石上神宮①だ。境内を包み込む凛とした空気と、あたりの森の静寂が神話と幻想の世界を演出する。内山永久寺跡②までは約800m。そこから山の辺の道は未舗装となり、狭く急な坂を上り、粗い石畳を下らなければならない。ちょっと自転車には向いていないので、国道25号および県道51号を利用して夜都伎《やとぎ》神社を目指そう。

ビニールハウスやミカン畑が広がる牧歌的な道を、ところどころに立つ案内板に従って進み、竹之内と萱生《かよう》の環濠集落③へ。集落の防衛にめぐらせた濠の一部が今も残り、当時の面影をとどめている。衾田《ふすまだ》陵、崇神天皇陵⑤、黒塚古墳⑥などの巨大古墳が点在する龍王山の麓までは天理駅から約9km。帰路は国道169号に並走する上街道を行く。昔の幹線道で格子の家並みなどが見られる。交通量の少ない走りやすい道だ。

1 石上神宮《いそのかみ》

山の辺の道の起点。崇神7年(紀元前91)創建と伝えられる国内最古の神宮のひとつ。大和朝廷の武器庫としての役割も果たした。スギ木立に囲まれた池には伝説の魚・馬魚が棲むといわれる。

2 内山永久寺跡

永久2年(1114)、鳥羽天皇の勅願により創建されたと伝えられている。盛時には関西の日光と呼ばれるほどの大寺院だったが、明治の廃仏毀釈によって廃寺となった。今は本堂池が残るのみ。サクラの季節がきれい。

3 竹之内環濠《かんごう》集落《しゅうらく》

戦国乱世の時代、自衛のため集落に濠をめぐらせた環濠集落が奈良盆地には昔の面影を留めて残っている。一般的に環濠集落は低地で発達した形態で、竹之内のように標高100mほどの山麓に立地するのは珍しい。

4 長岳寺《ちょうがくじ》

天長元年(824)創建。ヒラドツツジやカキツバタの美しい寺だ。隣接して山の辺の道の散策案内や休憩施設のある天理市トレイルセンターが建つ。開＝10:00～17:00／休＝無休／¥＝300／☎0743-66-1051

5 崇神天皇陵

大和朝廷の創始者とされる第10代崇神天皇の墓。全長約242mの前方後円墳で周濠を歩いてみるとその大きさが実感できる。大和平野を一望できる場所にある。近くには双方中円墳という珍しい形の古墳もある。

6 黒塚古墳

全長約130mの前方後円墳。卑弥呼の鏡といわれる33面の三角縁神獣鏡を含む、刀剣や甲冑などの副葬品が多数出土したことから、邪馬台国所在地の重要な鍵を握る古墳とも。出土品などを展示する展示館併設。

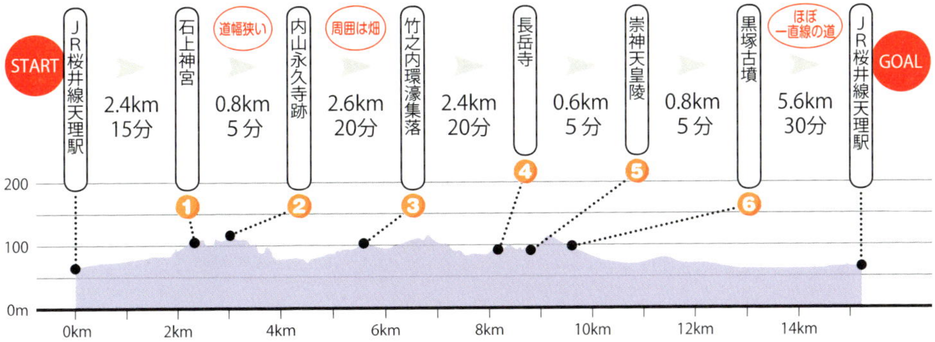
START
JR桜井線天理駅
2.4km 15分
石上神宮
道幅狭い
0.8km 5分
内山永久寺跡
周囲は畑
2.6km 20分
竹之内環濠集落
2.4km 20分
長岳寺
0.6km 5分
崇神天皇陵
0.8km 5分
黒塚古墳
ほぼ一直線の道
5.6km 30分
JR桜井線天理駅
GOAL
200
100
0m
0km
2km
4km
6km
8km
10km
12km
14km

INFORMATION

山裾に広がる田畑や集落を縫う道で、道幅は全体的に狭い。休日はハイキングをしている人が多いので、歩行者には注意して走ろう。すれ違うハイカーたちと気持ちよく挨拶を交わしたい。

16 石上神宮から龍王山麓の古墳地帯へ、山の辺の道を行く

START
GOAL
近鉄天理線
天理大
田井庄池公園
田井庄町
てんり
中大路
川原城町
アーケード商店街
おやさとやかた
天理よろづ相談所病院
天理教校学園高
天理よろづ相談所病院
三島町
天理教本部
天理教本部の壮大な神殿
布留町
布留
上り坂
布留川
石上神宮
山の辺の道の案内板あり
急な坂を下る
神宮外苑公園
石上神宮の石標
天理参考館
守目堂町
天理小
天理市役所
丹波市町西
丹波市町
天理高
天理大
善福寺
都祁山口神社
市座神社
御経野町
市場町の名残り
天理トンネル
内馬場町
豊井町
内山永久寺跡
サクラがきれいな池
山の辺の道。
自転車には向かいない
天理中
杣之内町
杣之内町南
勾田町
勾田町
25
幾坂池
親里競技場
茶屋あり
園原町
西乗鞍古墳
東乗鞍古墳
51
オージョイフル
JR桜井線
東井戸堂町
赤い鳥居
夜都伎神社
山の辺の道に合流
乙木町
乙木町
169
御霊神社
天理教会
天理駅まで一直線
永原町

天理駅前駐車場
㊮＝24時間／㊡＝無休／㊎＝30分100円、1時間200円、以降1時間100円

ちょっと寄り道

パン工房OTO【パン】

JR桜井線天理駅前にあるパン屋さん。油で揚げない焼ドーナツが人気で、クルミやシナモン、レモン、チョコなどの種類がある。定番のクロワッサンはあん入りやチョコ入りも。㊮＝7:30〜19:00／㊡＝日曜／☎0743-63-1221

まちの雑学

道の真ん中に突然、柱と屋根だけの建物が現れる。この地域が丹波市と呼ばれていたときの市場の名残で、かつてここには魚市場があった。格子の家並みや白壁が往時をしのばせる。

左に行くと竹之内環濠集落。直進すると衾田陵

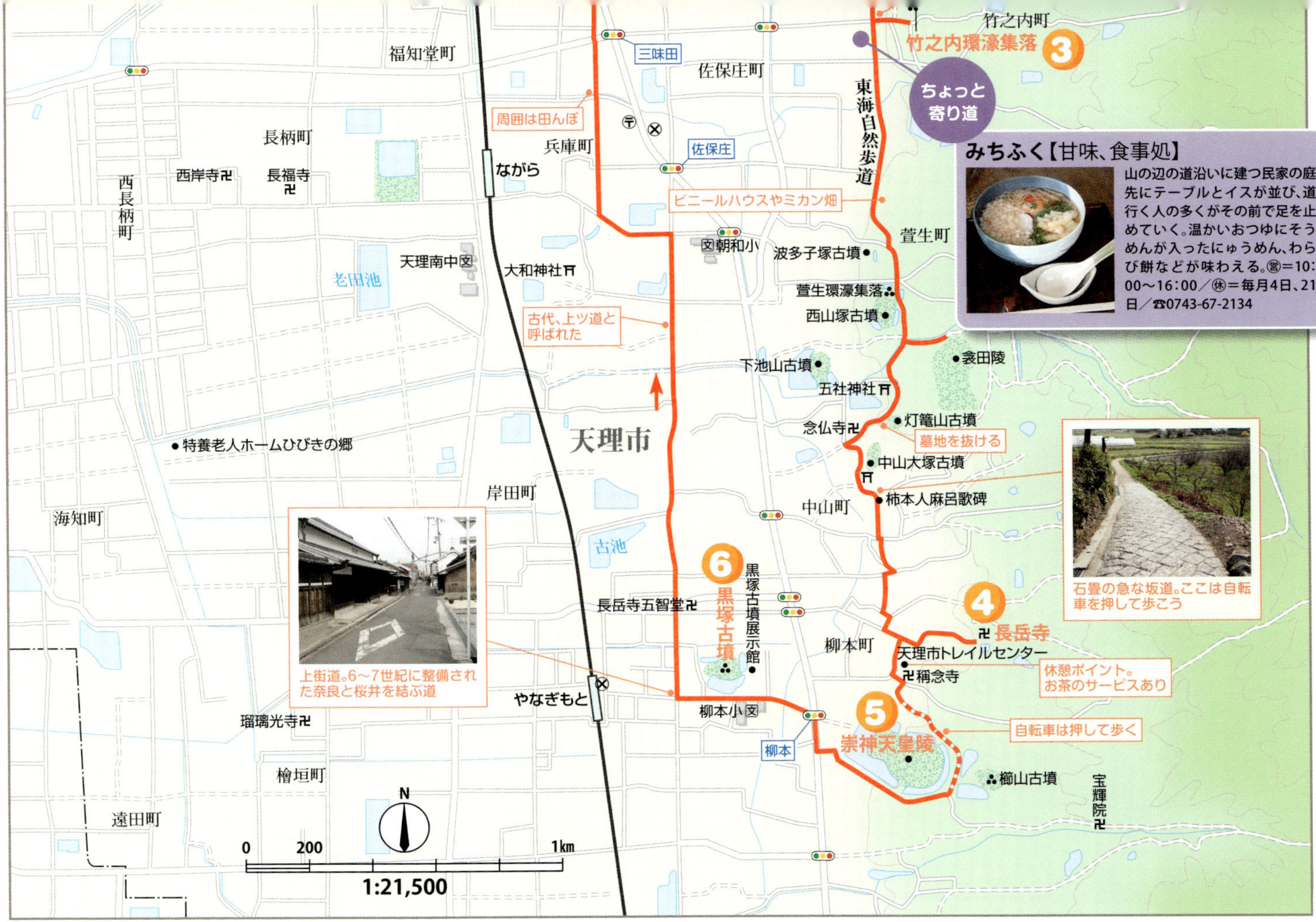

石畳の急な坂道。ここは自転車を押して歩こう

上街道。6～7世紀に整備された奈良と桜井を結ぶ道

みちふく【甘味、食事処】
山の辺の道沿いに建つ民家の庭先にテーブルとイスが並び、道行く人の多くがその前で足を止めていく。温かいおつゆにそうめんが入ったにゅうめん、わらび餅などが味わえる。㊢＝10:00～16:00／㊡＝毎月4日、21日／☎0743-67-2134

山の辺の道の中でも、平等寺付近は
凛とした空気が漂う。

17 桜井市

日本の太古に触れる古道を走る

桜井市の巻向から三輪エリアは、東に神宿る山とされる三輪山がそびえ、その麓には古道・山の辺の道が走る。三輪山を御神体とする大神神社を始め、古代以前よりの歴史を紡ぐ場所も多く、日本の原初を垣間見ることができる。

古道・山の辺の道を中心に、巻向《まきむく》から三輪にかけての三輪山エリアを走る約9.5km。スタートはJR桜井線巻向駅。駅付近から始まる路面表示「歴史街道・山の辺の道」に沿って進めば、箸墓古墳①が眼前に広がってくる。敷地内に立ち入ることはできないが、周辺から眺めるだけでも、そのスケールの広大さが実感できる。

箸墓古墳から南下すれば、大和川に出る。ちょうど川が三輪山の麓へ流れ入る馬井出橋周辺は、日本最古の交易の市・海柘榴市《つばいち》などの史跡があり、この地を訪れたなら立ち寄っておきたいポイントだ。

川から北上すれば、三輪山にぐるりと沿った山の辺の道のメインコースへ。喜多美術館②へと向かう古道の入口から、約500m先の平等寺③付近までは自転車の乗り入れは不可。しかし、降車して歩けば通行は可能なので、手押しでの散策をおすすめしたい。ハイカーが多数訪れるエリアのため、歩行者への気遣いが必要だ。

平等寺から大神神社④への道のりは、自転車の乗車も可能で、比較的走行しやすい。難所は、狭井神社⑤と桧原神社⑥。ともに境内へたどり着くまでは、上り坂が続く山道なので、ふもとに駐輪して徒歩で散策するのがベストだろう。

1 箸墓古墳《はしはか》

築造は3世紀半ばごろと推定される最古級の前方後円墳。築造時期から女王・卑弥呼の墓という説もあるが、実態は不明。孝霊天皇の皇女・倭《やまと》迹《と》迹《と》日《ひ》百《もも》襲《そ》姫命《ひめのみこと》の陵墓として宮内庁が管理。立ち入り不可。

2 喜多美術館

ゴッホやウォーホールなど近・現代の重要作品を多数展示。㊐＝10：00～17：00（入館は～16：30）／㊡＝月・木曜（祝日の場合は翌日）／㊎＝1000円／☎0744-45-2849

3 平等寺

山の辺の道に面した禅寺。聖徳太子の作と伝わる十一面観世音菩薩が祀られる本堂のほか、二重塔釈迦堂、不動堂などが建立されている。㊎＝300円／☎0744-42-6033※拝観時間、休日は電話にて要問合せ。

大神神社

4 大神《おおみわ》神社

大物主神が御魂を鎮めた山・三輪山を御神体とする神社。それゆえに本殿はなく、拝殿の奥にある三ツ鳥居から三輪山を拝するという、原初的神祀りを現在に伝える。生活全般を守護する神様としての信仰が厚い。

5 狭《さ》井《い》神社

延喜式神名帳にも記される古社。古くより華鎮社《はなしずめのやしろ》と称され、平癒の神様として信仰が厚い。拝殿のそばには三輪山の御神水が湧く薬井戸があり、これを目当てに訪れる人も多い。

6 桧原神社

大神神社の摂社。境内には社殿がなく、三輪山に向かう三ツ鳥居があるだけという珍しい神社だ。伊勢神宮の前身となった笠縫邑《かさぬいむら》とする説があり、そのことから元伊勢と呼ばれることもある。

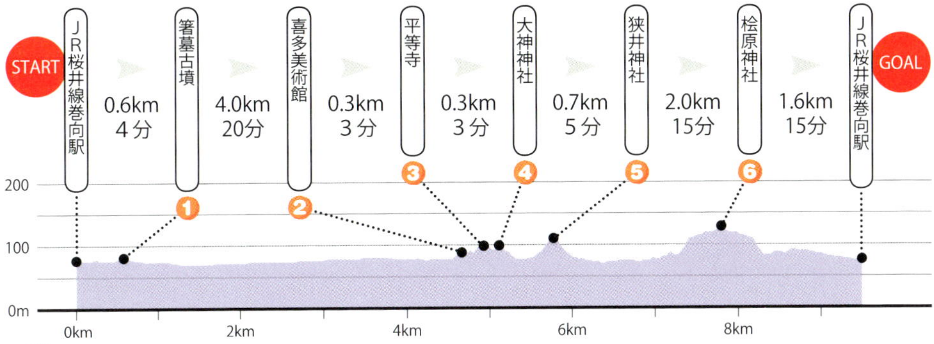
START
JR桜井線巻向駅
0.6km
4分
箸墓古墳
4.0km
20分
喜多美術館
0.3km
3分
平等寺
0.3km
3分
大神神社
0.7km
5分
狭井神社
2.0km
15分
桧原神社
1.6km
15分
JR桜井線巻向駅
GOAL
200
100
0m
0km
2km
4km
6km
8km

INFORMATION

巻向駅と三輪駅周辺には、公的な駐車場が見当たらない。またレンタサイクルも現状では皆無のため、電車での輪行がベスト。手間はかかるが、自転車での散走ならハイキングよりも広範囲を一度にめぐれるのでおすすめだ。

ちょっと寄り道
そうめん処森正【そうめん】
三輪の名産、三輪そうめんをいただける食事処。営=10:00～17:00（冬期は～16:30、日・祝日は9:00～）／休=月・火曜不定休（1日と祝日は営業）／☎0744-43-7411
N
1:15,500
0
100
500m
大兵主神社
坂の続く難所。ふもとに駐輪して歩くのがおすすめ
6 桧原神社
柿本人麿歌碑
玄賓庵
龍神神社
相撲神社
柿本人麿歌碑
山桜桃
穴師
額田女王歌碑
春日神社
纒向川
駐輪スペースあり
井寺池
カーブミラーがあるT字路を左折。田畑に挟まれた道に入る
茅原
50
珠城山古墳
新池
慶運寺
茅原大墓古墳
丸池
富士厳島神社
巻野内
ホケノ山古墳
国津神社
JR桜井線
平坦で走りやすい道
大三輪中
織田小
箸中
辻
釈尊寺
まきむく
芝
1 箸墓古墳
纒向遺跡
START
GOAL
大池
西池
豊田口
太田池
高架をくぐり左方向へ
箸中
169
太田
山の辺病院
烏田川
纒向勝山古墳
纒向小
纒向石塚古墳
東田大塚古墳
豊田
斜め右方向へ直進。しばらく行くと大通りと合流し南下する

桜井市
若宮社
久延彦神社
鎮女池
新池
狭井神社
5
磐座神社
急な坂
4
大神神社
境内自転車乗り入れ禁止
駐輪場あり
3
平等寺
竹ヤブに包まれた古道。このコースのハイライト
素盞鳴神社
三輪小
金屋の石仏
喜多美術館
2
平等寺まで歩行者多く狭い山道。自転車は必ず降りて押していくこと
八阪神社
金屋
海柘榴市観音堂
山の辺の道
佛教傳来之地
大向寺橋
馬井手橋
199
大和川
高架の下をくぐり直進すれば、川沿いの道へと合流する
GS
スーパーセンターオークワ
クルマの交通量多い
城島小
桜井高
ハローワーク
外山
165
打合橋
芝運動公園
総合体育館
新三輪大橋
三輪
みわ
昭和橋
出口橋
フレスポ桜井
TSUTAYA
極楽寺
奈良県桜井総合庁舎
上之庄
桜井局
大神神社
桜井市役所北
桜井西小
桜井市役所
粟殿
上之庄橋
市民会館
ヤマトー
清剛橋
桜井中央公民館前
春日神社前
粟原川
川合
戒重
春日神社
近鉄大阪線
さくらい

P 芝運動公園駐車場
㊫＝8:00～17:00／㊡＝年末年始／㊎＝無料／☎0744-45-0609

ちょっと寄り道

今西酒造【酒蔵】

創業260余年。酒米栽培から醸造まで一貫した酒造りに定評があり、県外から訪れる日本酒ファンも多い。平日には予約をすれば見学も可。㊫＝9:00～19:00／㊡＝不定休／☎0744-42-6022

まちの雑学

『日本書紀』によると、ここは仏教伝来の百済の使節が初めて上陸した場所。つまり、日本で初めて仏教が伝来した地であり、現在もその記念碑が残されている。

ナガレ山古墳。全長約105mの前方後円墳で、墳丘には埴輪が並ぶ。

18

北葛城郡河合町、北葛城郡広陵町

馬見丘陵周辺の古墳めぐりと飛鳥葛城自転車道

大和平野の中央部に位置する馬見丘陵の巨大古墳を訪れ、竹取物語ゆかりの地でおとぎ話の世界に触れる。古代史散策と飛鳥葛城自転車道を快走する約15.5kmのコース。

大小無数の古墳が点在する奈良において、それが最も集中している地域のひとつが馬見丘陵。中心となっているのは馬見丘陵公園①だ。計画面積約65.3haの広大な公園で、南北の長さは約2.5km。残念ながら自転車は最も北に位置する緑道エリアしか乗り入れできないが、公園西側の小道を走りながらところどころで足を止め、園内の古墳を訪れたい。公園中央エリアには築造当初の姿に復元されたナガレ山古墳や、帆立貝式古墳としては最大級の乙女山古墳など7基の古墳があり、全長約220mの大型前方後円墳巣山古墳も隣接している。

馬見丘陵公園の南には、大きな竹のオブジェがそびえる竹取公園がある。この地には竹取の翁（名を讃岐造《さぬきのみやつこ》という）が住んでいたとされ、竹取物語発祥の地といわれているのだ。公園の裏手にゆかりの讃岐神社③が建つ。周囲に茂る深い竹林や、物語に登場するのが壬申の乱で活躍した実在の人たちということも知られており、神社周辺が物語の舞台だったというのもさほどおかしなことではない。

ルートはこの先、新木山古墳、三吉石塚古墳④を訪れて、葛城川沿いに延びる飛鳥葛城自転車道⑥で近鉄田原本線池部駅へと戻る。

1 馬《うま》見《み》丘陵《きゆうりよう》公園

周辺の歴史的遺産と自然環境を保全、活用する目的で整備が進む広大な都市公園。園内には国指定史跡のナガレ山古墳を始め、多数の古墳が点在。北部の緑道エリアを除いて自転車の乗り入れができないのが残念。

2 馬見丘陵公園館

公園中央エリアにある施設で、古墳や周辺の自然環境について展示や映像により紹介している。建物の外観は前方後円墳をイメージしたもの。
㋵＝9：00～17：00／㊡＝月曜、年末年始／¥＝無料／☎0745-56-3851

3 讃岐神社

竹取物語ゆかりの神社。讃岐（香川県）の一族が大和朝廷に竹細工を献上して仕えるため、竹の豊富なこの地に移り住み、物語が生まれたとされる。かぐや姫に求婚する5人の貴公子は朝廷の中心にいた実在の人物だ。

4 三吉石塚古墳

帆立貝のような形をした全長約45mの古墳。周囲には馬蹄型の濠がめぐっている。5世紀後半の築造と考えられており、当時の姿を復元する形で整備されている。古墳の上からは遠くに二上山が望める。

5 百済寺《くだらじ》

葛城川と曽我川に挟まれた田園地帯の集落に突如としてそびえる三重塔。寺の創建については不明だが、塔は鎌倉中期の建築で国の重要文化財。弘法大師が掘ったと伝えられる梵字池が境内に残る。

6 飛鳥葛城自転車道

明日香村の石舞台古墳を起点に、大和郡山市の慈光院近くまで延びる計画総延長約30.0kmのサイクリングロード。ここでは葛城川に沿う約5.3kmを走る。車道とは完全に分離されており、道幅は約3m。

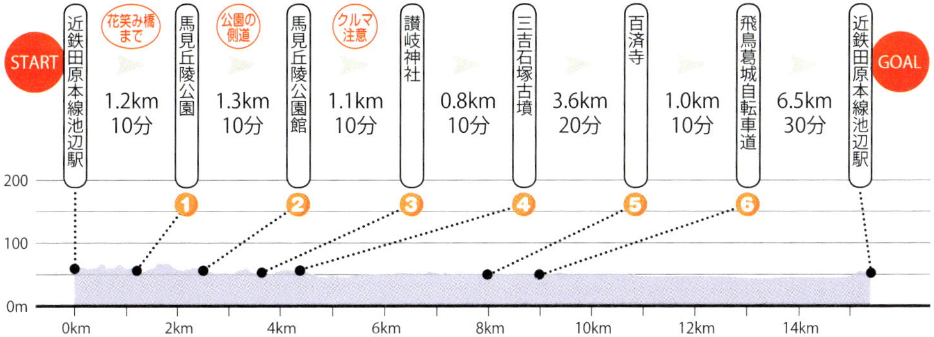
START
近鉄田原本線池辺駅
花笑み橋まで
1.2km
10分
馬見丘陵公園
公園の側道
1.3km
10分
馬見丘陵公園館
クルマ注意
1.1km
10分
讃岐神社
0.8km
10分
三吉石塚古墳
3.6km
20分
百済寺
1.0km
10分
飛鳥葛城自転車道
6.5km
30分
近鉄田原本線池辺駅
GOAL
200
100
0m
0km
2km
4km
6km
8km
10km
12km
14km

INFORMATION

コースは自転車専用道や緑道、路地が多いが、馬見丘陵公園館から讃岐神社までは、ややクルマの交通量が多い。歩道も自転車で走行できる環境ではないので、注意して走ろう。

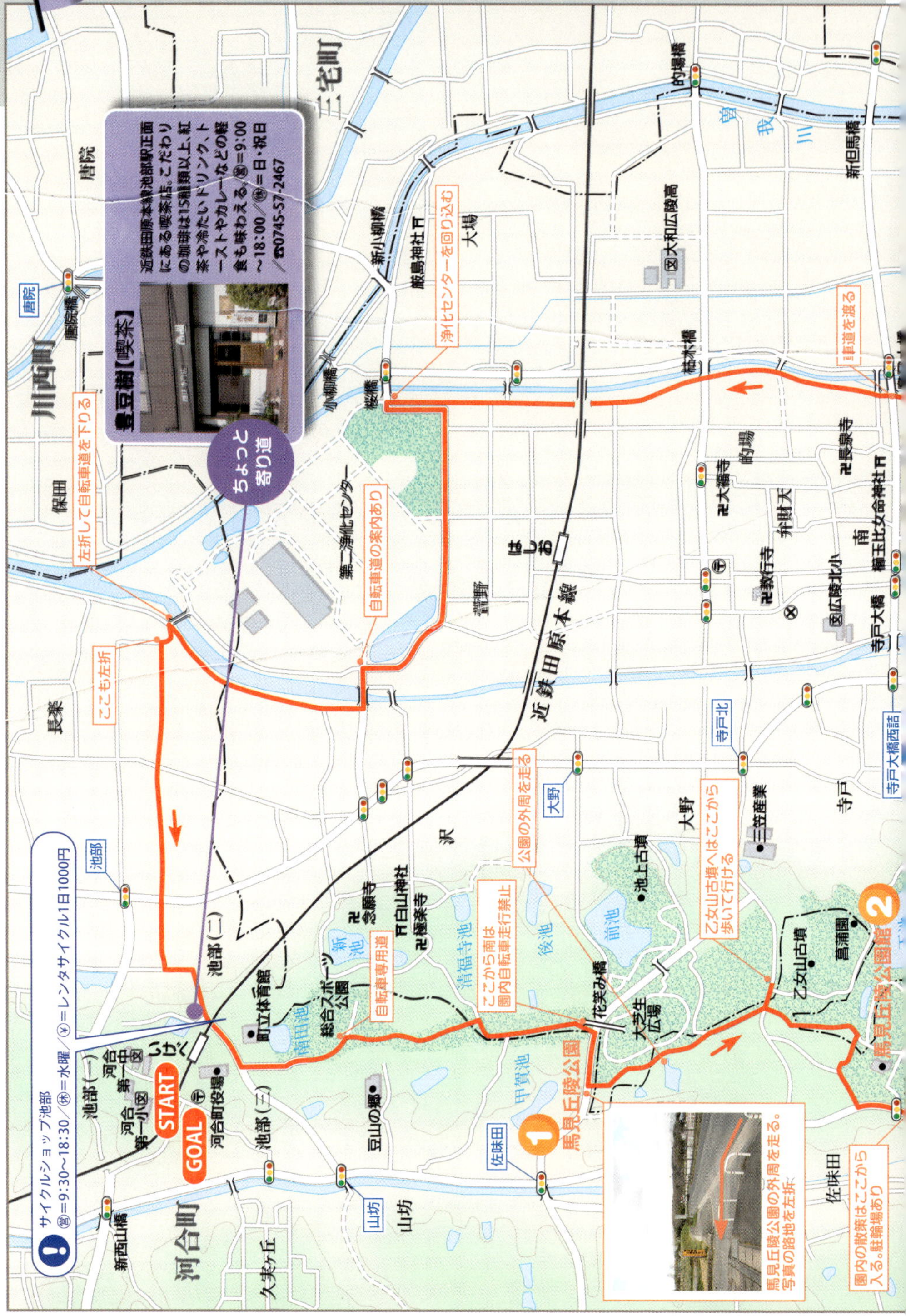

サイクルショップ池部
営=9:30〜18:30／休=水曜／¥=レンタサイクル1日1000円
豊豆樹【喫茶】
近鉄田原本線池部駅正面にある喫茶店。こだわりの珈琲は15種類以上。紅茶や冷たいドリンク、トーストやカレーなどの軽食も味わえる。営=9:00〜18:00／休=日・祝日／☎0745-57-2467
ちょっと寄り道
START
GOAL
左折して自転車道を下りる
ここも左折
自転車道の案内あり
浄化センターを回り込む
車道を渡る
公園の外周を走る
ここから南は園内自転車走行禁止
自転車専用道
乙女山古墳へはここから歩いて行ける
馬見丘陵公園の外周を走る。写真の路地を左折
園内の散策はここから入る。駐輪場あり
1 馬見丘陵公園
2 馬見丘陵公園館
河合町
川西町
三宅町
近鉄田原本線
いけべ
はしお
池部(一)
池部(二)
池部(三)
河合町役場
河合第一小
河合中
町立体育館
総合スポーツ公園
南田池
新池
清福寺池
後池
前池
池上古墳
花笑み橋
大芝生広場
乙女山古墳
菖蒲園
三笠産業
大野
寺戸
寺戸北
寺戸大橋西詰
寺戸大橋
広陵北小
教行寺
弁財天
櫛玉比女命神社
大福寺
長泉寺
的場
萱野
沢
佐味田
甲賀池
豆山の郷
山坊
久美ヶ丘
新西山橋
長楽
保田
唐院
唐院橋
桜橋
小柳橋
新小柳橋
大場
大和広陵高
曽我川
的場橋
第二浄化センター
念願寺
白山神社
極楽寺

馬見丘陵公園
上池
倉塚古墳
ナガレ山古墳
狐塚古墳
クルマの交通量多い
寺戸南
古の丘
巣山古墳
巣山古墳西
3
讃岐神社
クルマに注意
竹取公園
広陵町
馬見北
讃岐神社の参道。周りは竹林
町立図書館
三吉
路地を走る
4
三吉石塚古墳
今池
新木山古墳
小高い丘になっていて眺めがよい
極楽寺
麦粉池
長福寺
広陵中
赤部橋
心光寺
古寺
中央体育館
笠橋
尾張
笠
ダイキ
広陵第1近隣公園
歩道中央部に点々と円柱状の縁石が並ぶ。自転車通行可
笠池
馬見橋
広陵町役場西
広陵西小
平尾
JA
オークワ
広陵農協前
南郷
パチンコOK牧場
広陵プリンスゴルフ
明日香大和郡山自転車道（飛鳥葛城自転車道）
葛城川
福徳寺
広瀬
土手の上へ
土手の下を走る
自転車道は少し荒れているところもある
田原本町
金剛寺
大今橋
N
0 100 500m
1:17,800
新森橋
信楽寺
東体育館
広陵交通公園
広陵東小
広陵運動公園
周囲は田んぼ
6
飛鳥葛城自転車道
5
百済寺
百済

いろり家【うどん】

ちょっと寄り道

竹取物語ゆかりの地にある古民家風の店構えのうどん店。人気はうどんに天麩羅やおにぎりなどがセットになった竹取うどんセット980円。㊔＝11：30〜22：00／㊡＝無休／☎0745-55-4919

まちの雑学

馬見丘陵公園を中心に巨大古墳の集中する北葛城郡広陵町。道端にはその数日本一を示す看板が立っている。靴下の生産量も全国一で、町の形は偶然にも靴下に似ていたりする？

藤原宮跡。遠くに見える山は畝傍山。

19

橿原市

ぐるり大和三山 橿原の歴史街道

**日本で最初の本格的な都といわれる藤原京の跡地や、畝傍《うねび》山の麓に鎮座する橿原神宮、
江戸時代の町並みを当時とほとんど変わらない姿で残す今井町など、
大和三山を仰ぎ見ながら、橿原の歴史遺産を走る。**

スタート地点の近鉄大阪線大和八木駅から東を望むと、住宅街のなかに木々に覆われた小山がぽっかりと浮いている。耳成山①である。大和三山のなかで最も優美な山容を持ち、古来神体山と崇められる山だ。真っ直ぐ、その山を目指して走り出そう。

それから耳成山を背にして南へ向かうと、藤原宮跡②だ。今は広大な草原になっている。唐の都、長安を模して日本で初めて造られた碁盤目状の街、藤原京。藤原宮跡はその中枢をなした宮殿の跡地で約1km²の規模。広々とした草原からは大和三山がとてもよく見える。都は消えて時代は移り変わったが、そこから望む山々は往時とほとんど同じだろう。

天香久山③から畝傍山麓の橿原神宮⑤へ向かい、続いて歴史的町並みを残す今井町⑥を訪れる。室町時代に称念寺を中心に誕生した寺内町で、江戸時代には南大和最大の在郷町として大いに栄えたという。古い民家を改装したカフェやギャラリーなどもあり、とにかく散策の楽しい町である。町の入口に建つ「今井まちなみ交流センター華甍《はないらか》」では、詳しい地図をもらえるほか、今井町の歴史や暮らしについての資料に触れることができる。

1 耳成山《みみなしやま》

標高は139mと低いが、バランスの取れた円錐形をなす美しい山だ。南麓の古池を中心に広がる耳成山公園は市内有数のサクラの名所で、耳成山への登山口もある。山頂までは徒歩約20分。

2 藤原宮跡

日本最初の本格的な宮都が藤原京だ。持統天皇8年（694）に飛鳥から遷都し、和銅3年（710）に都が平城京に移るまで栄華を誇った。藤原宮はその中心部で、国会議事堂や皇居、官庁街が集まったようなところ。

3 天香久山《あまのかぐやま》

標高152m。多武峰山系から延びた尾根が浸食されて残った山。大和三山のなかでは最も神聖視されており、天から降りてきた山といわれている。登山道は山中の北に位置する天香山神社から。

4 本薬師寺跡

西の京にある薬師寺の前身。現在は小堂が建つだけだが、金堂の礎石や東西両塔の上壇、塔の心礎などが残っている。平城遷都に伴って寺は西の京へ移築されたといわれていたが、別々に造られたという説も。

5 橿原《かしはら》神宮

標高199mの畝傍山南東麓に建ち、約50万m^2の広大な神域を有する。創建は明治23年（1890）。本殿は京都御所の賢所を移築したもの。開＝日の出から日没まで／㊡＝無休／¥＝宝物館300円／☎0744-22-3271

6 今井町

室町時代に建設された寺内町で、東西約600m、南北約310mの地域に江戸時代のころの佇まいと情緒を残す。称念寺本堂と約700軒ある民家のうち8軒が重要文化財で、約500軒は伝統的な様式を引き継いでいる。

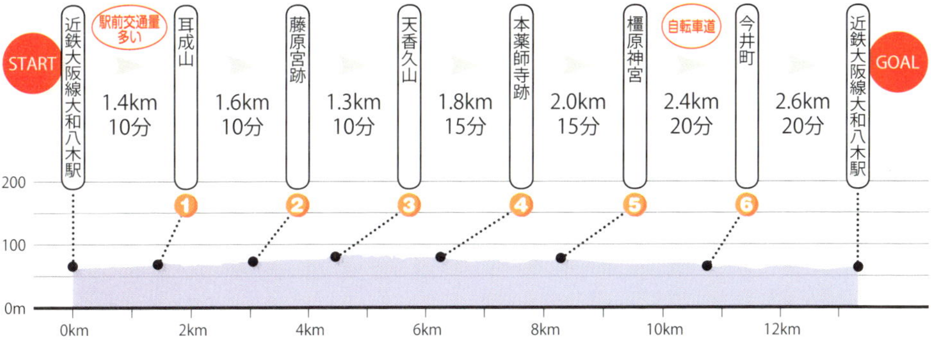

START
近鉄大阪線大和八木駅
駅前交通量多い
1.4km 10分
耳成山
1.6km 10分
藤原宮跡
1.3km 10分
天香久山
1.8km 15分
本薬師寺跡
2.0km 15分
橿原神宮
自転車道
2.4km 20分
今井町
2.6km 20分
近鉄大阪線大和八木駅
GOAL
1
2
3
4
5
6
200
100
0m
0km
2km
4km
6km
8km
10km
12km

INFORMATION

今井町は道幅が大変狭く、クルマの進入は困難。つまり自転車にとってはとても散策しやすい町なのだ。文化財に指定されている家屋は個人宅なので、見学や写真を撮るときなどはひと言声をかけるようにしたい。

町家茶屋古伊【カフェ】
江戸期の町家を改装したカフェ。抹茶やぜんざいなどの軽食のほか、そばやそうめんなども楽しめる。㊒=10:30～17:00（土・日・祝日は～17:30／㊡=4月、5月、10月、11月は月曜、それ以外の月は月・火曜／☎0744-22-2135
ちょっと寄り道
まちの雑学
大和三山には恋の三角関係があった。天香久山と耳成山が男山で、女山の畝傍山をめぐり争ったというのだ。中大兄皇子は、万葉集にもその話を詠っているが、自身の恋争いを託した歌という説もある。
藤原宮跡の北にある醍醐池の周りは春にサクラや菜の花が咲き乱れる
集落を抜けたところ。右折すると天香久山だ
START
GOAL
1 耳成山
139▲
耳成山口神社
2 藤原宮跡
6 今井町
正面に耳成山が望める
クルマに注意
サクラの名所
サクラ並木が続く自転車道
ここで地図と情報を得よう
かつての環濠集落
開放的な草地
古い家並みと狭い路地
江戸時代の雰囲気を残す町並み。自由にコースを選んで走ろう
クルマの交通量多い
桜井市
橿原市
近鉄大阪線
JR桜井線
やまとやぎ
やぎにしぐち
うねび
にのくち
新口町
中町
東竹田町
葛本町
葛本神社
耳成小
ヤマダ電機
八木中
大福
寺川
米川
飛鳥川
山之坊町
阿弥陀寺
西之宮
出合町
法花寺町
オークワ
K'sデンキ
膳夫町
香久山小
中の川
隅田池
醍醐池
高殿町
是信寺
藤原京農産物直売所
鴨公小
縄手町
おふさ観音
小房町
小房
四条町
畝傍高
醍醐西
畝傍小
奈良医大附属病院
平成記念病院
橿原警察署
兵部町
今西家住宅
高木家住宅
今井まちや館
今井まちなみ交流センター華甍
小綱池
桜池
正蓮寺
地黄町
内膳町
内膳町
北八木町
文化会館
木原町
木原町
耳成山公園
古池
コープ
三山橋
耳成山橋
上品寺古池
森村家住宅
樋上病院
モスバーガー
コナカ
葛本町
葛本町東
ネッツ
橿原市役所
橿原局
南八木町
24
165
166

天香久山 3
152
天香久山を間近に見る
万葉の森
天香山神社
藤原宮跡資料室
南浦町
天岩戸神社
戒外町
高所寺池
別所町
飛騨町
春日神社
木之本町
藤原京朱雀大路跡
上飛騨町
八幡神社
法然寺
上飛騨橋
新河原橋
クルマに注意
藤原京のメインストリート
ちょっと寄り道
大官大寺跡
みるく工房飛鳥【乳製品】
天香久山南麓にある。毎朝牧場から届けられる新鮮な牛乳を使ったヨーグルトやアイスクリームなどが味わえる。㊖=10:00～17:30／㊡=無休／☎0744-22-5802
奥山
明日香村
雷丘
雷
称讃寺
向原寺
甘樫坐神社
豊浦
和田池
甘樫丘
148
明日香村埋蔵文化財展示室
飛鳥水落遺跡
飛鳥寺
飛鳥坐神社
飛鳥橋
万葉文化館
歩道上が区分され、大和中央自転車道となっている
本薬師寺跡 4
うねびごりょうまえ
御坊町
交差点。クルマに注意
ポリテクセンター奈良
栄和町
橿原リハビリテーション病院
近鉄橿原線
橿原ロイヤルホテル
平井病院
かしはらじんぐうまえ
畝傍中
大歳神社
石川町
石川池
孝元天皇陵
菖蒲町
見瀬
近鉄サンフラワーレンタサイクル橿原センター
㊖=9:00～17:00／㊡=無休／Ⓨ=1日900円(土・日・祝日1000円)
近鉄吉野線
丸山古墳
植山古墳
山本町
神武天皇陵
大久保町
畝傍北小
橿原考古学研究所附属博物館
畝傍山
199
畝火山口神社
体育館
畝傍町
綏靖天皇陵
5
橿原神宮
木々の生い茂る道
橿原公苑
駐輪場あり
深田池
橿原神宮宝物館
近鉄南大阪線
かしはらじんぐうにしぐち
奈良芸術短大
聖心学園
久米寺
久米町
畝傍南小
鳥屋町
白橿北小
妙法寺
阿弥陀寺
宣化天皇陵
鳥屋池
白橿町
N
0 100 1km
1:21,500

高松塚地区より、古墳や丘がのぞく明日香の田園風景を望む。

20 橿原市、明日香村

古代日本の原点 明日香の歴史と魅力を探訪

古墳時代を経て、飛鳥時代には「大化の改新」の舞台ともなった明日香。当時の遺跡は謎に包まれつつも、現在も雄大な自然の中に遺跡は数多い。日本の古代国家の原点ともいえる明日香の魅力を探訪しよう。

古墳や巨石などの古代遺跡を訪れた後、飛鳥文化を今に伝える寺院、文化館をめぐる約11.3km。スタートは近鉄吉野線飛鳥駅。駅前より東へ走行。途中、わずかなアップダウンはあるが、高松塚壁画館①がある飛鳥歴史公園までは難なくたどり着ける。公園から亀石②へ、さらに石舞台古墳③へと向かう道も、緩やかな坂がいくつかある以外は、平坦な道が続き、走行しやすい。

続く、石舞台古墳から岡寺④にかけてのルートが、本コース最大の難所。急坂の山道を上る場所がいくつかある。ここでは無理をせず、自転車を降りてハイキング気分で押して歩くのがおすすめ。特に急勾配の参道は苦しいが、上りきった先にある岡寺周辺は神聖な空気が漂い、たどり着いたときの喜びはひとしおだ。

岡寺から万葉文化館⑤への道は、峠を下る。雄大な田園風景を横目に坂道を下る瞬間は、風も心地よく、至福のひととき。飛鳥寺⑥からゴールへ向かう途中には、緑いっぱいの甘樫丘《あまかしのおか》がある。時間があれば、丘内で森林浴をするのもよいだろう。

明日香はレンタサイクルを推奨する町であり、どの道も走りやすく整備されている。初心者でも最適のサイクリングスポットだ。

1 高松塚壁画館

高松塚古墳の壁画検出時の模写、墳丘築造を表す模型などを展示し、その全貌を紹介。㊐=9:00～17:00(入館は～16:30)／㊡=無休／㊎=250円／☎0744-54-3340

2 亀石

亀に似た容姿から、この名で親しまれる明日香の名石。製作目的は不明だが、川原寺の所領を示す標石ではないかという説がある。村内には、この亀石をかたどったコンニャクや焼菓子なども販売されている。

3 石舞台古墳

日本最大の方墳。貴族・蘇我馬子《そがのうまこ》の墓といわれるが実態は不明。㊐=8:30～17:00(受付は～16:45)／㊡=無休／㊎=250円／☎0744-54-4577(明日香村観光開発公社)

4 岡寺

岡山の中腹にある山寺。本堂には日本三大仏のひとつ、如意輪観音坐像が祀られる。㊐=8:00～17:00(12月～2月は～16:30)／㊡=無休／㊎=300円／☎0744-54-2007

5 万葉文化館

万葉集に関する県立の資料館。映像などで趣向を凝らした展示は、テーマパークのような楽しさだ。㊐=10:00～17:30(入館は～17:00)／㊡=水曜／㊎=600円／☎0744-54-1850

6 飛鳥寺

日本初の本格寺院。講堂には鞍作《くらつくりの》止利《とり》の作と伝わる飛鳥大仏を安置。㊐=9:00～17:30(10月～3月は～17:00)／㊡=4月7日～9日／㊎=350円／☎0744-54-2126

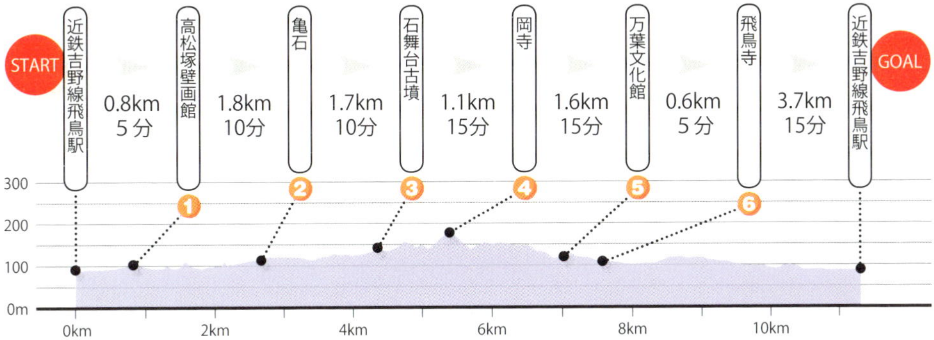
START
近鉄吉野線飛鳥駅
0.8km 5分
高松塚壁画館
1.8km 10分
亀石
1.7km 10分
石舞台古墳
1.1km 15分
岡寺
1.6km 15分
万葉文化館
0.6km 5分
飛鳥寺
3.7km 15分
近鉄吉野線飛鳥駅
GOAL
300
200
100
0m
0km
2km
4km
6km
8km
10km

INFORMATION

レンタサイクルが充実するエリアで、駅前をはじめ、亀石や石舞台付近など、町の各所に営業所が点在している。運営会社は複数あるが、一般価格は1日900円(土・日・祝日は1000円)、営業は9:00～17:00。

古代日本の原点、明日香の歴史と魅力を探訪

レンタサイクル古都

営＝8:00～17:00／休＝無休／¥＝1日900円（土・日・祝日1000円）／☎0744-54-4508

原寺
飛鳥
豊浦
甘樫橋
桜井市
八釣
山田
明日香村埋蔵文化財展示室
飛鳥水落遺跡
甘樫丘▲148
飛鳥寺
6
蘇我入鹿の首塚
駐輪場あり
飛鳥歴史公園
甘樫丘地区
万葉文化館と駐車場の間にある施設内道路は自転車走行可
急坂の途中、カーブミラーがある T 字路を左折
飛鳥池工房遺跡
小原
万葉文化館
万葉文化館前
5
駐輪場あり
明日香民俗資料館
飛鳥橋
広大な田園風景が望める
酒船石遺跡
快適な下り坂
明日香村
飛鳥京跡苑池
飛
鳥
川
15
板蓋神社
伝飛鳥板蓋宮跡
川原
川原寺跡
弘福寺
岡
歴史のある民家が並ぶ
治田神社
4
岡寺
中央公民館
高市橋
明日香村役場
犬養万葉記念館
参道は急坂
常谷寺
橘寺
アップダウンのある山道
橘
香爐寺
健康福祉センターたちばな
春日神社
島庄
駐輪場あり
3
上居
石舞台古墳
155
立部
上宮寺
冬
野
川
都橋
飛鳥歴史公園
祝戸地区
祝戸
恵称寺
祝戸荘
飛鳥稲淵宮殿跡

ちょっと寄り道

珈琲「さんぽ」【カフェ】

築80年の民家を改装。自慢は、店主が自家焙煎する珈琲。奥さま手作りの素朴な味わいのスイーツと一緒に楽しみたい。㊂=9:00～17:00／㊡=水・第3火曜／☎0744-41-6115

まちの雑学

この石碑が示す通り、明日香は聖徳太子生誕の地といわれる。他にも、聖徳太子にまつわる寺院や像、石碑は町中に多数点在している。

ちょっと寄り道

夢市茶屋【レストラン】

石舞台公園の隣にある食事処。古代米や野菜など、村内の食材を使った明日香ならではの料理を味わえる。㊂=11:00～16:00（土・日・祝日は～17:00）／㊡=無休／☎0744-54-9450

約8.1km

約1時間15分

當麻寺仁王門。東に位置しているため東大門とも。

21 葛城市

二上山を仰ぎ見て走る 中将姫伝説の地、當麻

雄岳と雌岳のふたつの山頂が寄り添うようにそびえる二上山。その山の麓、當麻の里を舞台にした中将姫伝説ゆかりの地をめぐる約8.1km。當麻寺から中将姫墓塔や石光寺に立ち寄り、二上山裾野の自然公園を目指す。

二上《にじょう》山《ざん》の麓、當麻の里は中将姫の伝説で知られる。中将姫は奈良時代の右大臣藤原豊成の娘である。幼くして母を失い、継母に育てられたが、嫌われて當麻寺で尼となり、29歳の春、阿弥陀如来と二十五菩薩が現れて、仏道に精進を続けた中将姫を生きながら極楽浄土へ迎えたと伝えられている。

近鉄南大阪線当麻寺駅から、西に真っ直ぐ伸びる参道を進めば當麻寺②だが、コースでは日本最初の官道といわれる竹内街道を経由して向かう。當麻寺の本堂には、中将姫が織ったと伝えられる曼荼羅が本尊として祀られ、中之坊では中将姫が剃髪したお堂や誓いの足跡、髪の刺繍など、ゆかりの品々が見られる。ボタンの花が咲き乱れる4月中旬から5月上旬、寺は一年のうちで最も賑わいをみせる。當麻寺の約1km北に位置する石光寺⑤も中将姫ゆかりの寺。曼荼羅の糸を染め上げたという井戸や、糸を掛けて乾かしたというサクラの木がある。

二上山ふるさと公園⑥から当麻寺駅まで戻る間の田園地帯からは、堂々とそびえる二上山が望める。標高517mの雄岳と474mの雌岳を持つ双耳峰で、夕日の沈む山として古くから親しまれてきた山である。

1 葛城市相撲館けはや座

相撲の開祖、當麻蹶速（たいまのけはや）にちなむ相撲博物館。昔の番付や錦絵など1万2000点におよぶ資料を所有。(開)＝10:00〜17:00／㊡＝火・水曜（祝日の場合は開館）／(¥)＝300円／☎0745-48-4611

2 當麻寺《たいまでら》

本尊の當麻曼荼羅は中将姫が極楽浄土の光景を五色の蓮の糸により織ったものと伝えられている。(開)＝9:00〜17:00／㊡＝無休／(¥)＝本堂・金堂・講堂500円、中之坊500円／☎0745-48-2001

3 中将姫《ちゅうじょうひめ》墓塔

人々に現世浄土の教えを説き続け、生きながら極楽浄土へ旅立ったという中将姫の墓塔。石造十三重塔で高さ約3m。屋根の造りなどは鎌倉時代末期の様式。當麻寺近くの墓地に立ち、入口には案内板がある。

4 傘堂

1辺40cm余りの柱に正四角垂の屋根が乗った珍しい形の堂で、江戸時代の伝説的彫刻師・左甚五郎の作と伝えられている。傘堂には、ぽっくり信仰といって、お参りをすれば、苦なく死ねるといういい伝えがある。

5 石光寺《せっこうじ》

中将姫が織った曼荼羅の糸を染め上げたと伝えられる井戸があり、別名「染寺」とも呼ばれる。冬と春に咲き誇るボタンも有名。(開)＝8:30〜17:00（冬期9:00〜16:30）／㊡＝無休／(¥)＝400円／☎0745-48-2031

6 二上山ふるさと公園

二上山の麓に広がる自然公園。456段の石段があり、上りきった展望台からは大和平野が一望できる。(開)＝9:00〜17:00／㊡＝火・水曜（水曜が祝日の場合は開園）／(¥)＝無料／☎0745-48-7800

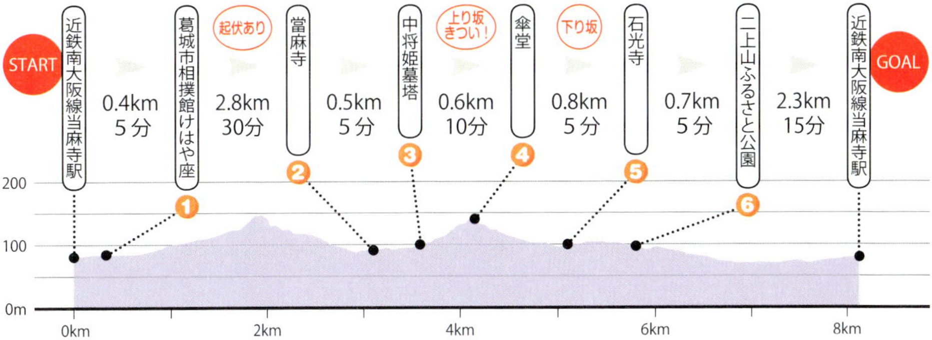
START
近鉄南大阪線当麻寺駅
0.4km 5分
葛城市相撲館けはや座
起伏あり
2.8km 30分
當麻寺
0.5km 5分
中将姫墓塔
上り坂きつい！
0.6km 10分
傘堂
下り坂
0.8km 5分
石光寺
0.7km 5分
二上山ふるさと公園
2.3km 15分
近鉄南大阪線当麻寺駅
GOAL
200
100
0m
0km
2km
4km
6km
8km

INFORMATION
芭蕉の旧跡綿弓塚が立つ竹内街道は、推古天皇21年（613）に開通したわが国最初の官道といわれている。ややきつい上りになるが、趣ある街道である。

左手にため池のある交差点を右折すれば、当麻寺駅まで一直線
国道165号に並走する田舎道。二上山を望んで走る
西に見える二上山の眺めがよい
田園地帯
GSの脇の小道を入る
横断注意
クルマの交通量やや多い
クルマの交通量多い
下り坂。道幅狭い
きつい上り坂
石光寺への案内あり
二上山への登山口に続く
古墳あり
456段の石段
眺めよい
③ 中将姫墓塔
④ 傘堂
⑤ 石光寺
⑥ 二上山ふるさと公園
道の駅ふたかみパーク當麻
香芝市
近鉄南大阪線
にじょう じんじゃぐち
良福寺
新在家北
染野
熊谷川橋南詰
西方寺
良福寺
杵築神社
阿日寺
三和小
鎌田小
鎌田
古池
千段池
五井堂池
新池
石田池
磯壁新池
磯壁（六）
磯壁（五）
今在家
染野
新在家
蓮池
加守
北良池
小池
北池
公園館
展望台
明円寺
高雄寺
當麻病院
玉ヶ池
當麻小
葛城市福祉総合ステーション
農林漁業体験実習館
新宮池
大池
當麻山口神社
当麻池
大龍寺
春日若宮神社
168
165

ちょっと寄り道

道の駅ふたかみパーク當麻【道の駅】

二上山ふるさと公園に隣接する道の駅。特産品などを販売しているほか、レストランでは地産の食材を使った料理を味わえる。㊤=9:00～17:00／㊡=12月31日～1月3日／☎0745-48-7000

START
GOAL
たいまでら
1 葛城市相撲館 けはや座
當麻寺北
當麻寺
當麻蹶速の塚
西導寺卍
勝根
勝根池
當麻
春日神社
160
熊
堂
川
格子の家並み
古池
当麻観光駐車場
㊗=10:00～17:00／㊡=無休／¥=1日600円
クルマの交通量多い
新池
當麻農村広場
図白鳳中
葛城市當麻庁舎
當麻文化会館
166
長尾
葛城禅寺卍
30
竹内
竹内街道
綿弓塚
竹内南
竹内
鍋塚古墳
格子の家並みが続く
西光院
法善寺卍
東から西への上り坂
菅原神社
史跡の丘
南から北への下り坂
瓦堂池
塚畑古墳
桶尻池
新池
南今市
兵家
ところどころに石光寺や傘堂への案内あり
道幅狭い
奥院卍
2 當麻寺卍
千仏院卍
宗胤院卍
西南院卍
護念院
中之坊
念仏院
葛城市
麻呂子山 ▲213
ちょっと寄り道
茶房ふたかみ【喫茶・軽食】
當麻寺仁王門の目の前に建つ。抹茶と創作和菓子のセット600円、うどんまたはにゅうめんと柿の葉ずしのセットが800円、白玉あんみつ600円など。㊗=9:30～17:00／㊡=不定休
當麻寺参道。みやげもの屋や食事処が軒を連ねる門前町
まちの雑学
綿弓塚。この地を何度か訪れて数々の句を残している松尾芭蕉の句碑。芭蕉没後115年を経た文化6年(1809)に立てられた。芭蕉は當麻寺にも参拝している。
上池
166
南阪奈道路
N
0
100
500m
1:11,500

約200軒の伝統的な建物がある松山地区。

22 宇陀市

かぎろひ立つ万葉の里と江戸時代の城下町、大宇陀を行く

遠方に連なる山々を望む、かぎろひの丘万葉公園周辺と、城下町として、また、街道の要衝として栄えた宇陀松山地区を走る約6.6km。田畑の広がる緑の野から、江戸時代の歴史的町並みへ。

スタートは道の駅宇陀路大宇陀《うだじおおうだ》。レンタサイクルや周辺の地図などが手に入る大宇陀観光の拠点だ。裏手に建つ大願寺は、この地を治めていた織田信長の次男信雄以来、松山城主の祈願所で、山門の額は4代藩主信武の直筆だという。

かぎろひの丘万葉公園①周辺は、古代、朝廷の御狩場だった場所。近くの阿騎野・人麻呂公園からは飛鳥時代の遺構も発掘されている。軽皇子《かるのみこ》に同行してここを訪れた歌人・柿本人麻呂は、そのとき見た情景を「東の野にかぎろひの立つ見えてかへり見すれば月かたぶきぬ」と詠んでおり、この歌がかぎろひの丘のゆえんだ。

古くから城下町として発展した松山地区は、かつて伊勢や熊野に至る交通の要衝として栄え、県内では奈良、大和郡山に次ぐ規模の町だったという。街道沿いには、松山西口関門②や森野旧薬園⑥、旧内藤家住宅を改修した、まちづくりセンター「千軒舎《せんげんしゃ》」を始め、格子や虫籠窓、スリアゲ戸、犬矢来などのある伝統的な建物が200ほど軒を連ねている。こうした江戸時代の面影を残す松山地区一帯は、重要伝統的建造物群保存地区に指定されており、家ごとに異なる時代の特徴を持つ町並みは「日本の家屋建築の博物館」ともいわれている。

1 かぎろひの丘万葉公園

見晴しのいい小山の上に整備された公園。園内には万葉植物が植栽され、遊歩道、東屋などがある。一帯は柿本人麻呂が訪れ、かぎろひ(陽炎)を見たと伝えられるところ。近くには阿騎野・人麻呂公園がある。

2 松山西口関門

旧松山城大手筋にあたる西口関門で、建築は江戸時代初頭。松山城唯一の遺構である。門を含む地域は枡形になっており、壁以外はすべて黒く塗られているところから「黒門」とも呼ばれている。

3 うだ・アニマルパーク

ヤギ、ヒツジ、ウサギなど動物たちと触れ合える公園。乗馬や牛の乳搾り体験などができる。芝生が広がり、休憩地としてよい。(開)＝9:00〜17:00／㊡＝月曜(休日の場合は翌平日)／(¥)＝無料／☎0745-87-2520

4 春日門跡

大手筋正面に位置し、門跡には虎口(出入口)を構成する東西ふたつの石垣積の櫓台が残っている。現存する櫓台は17世紀後半に築造されたもの。当時の規模を考えると、城下町の象徴的建築物だったようである。

5 大《おお》宇《う》陀《だ》歴史文化館「薬の館」

薬問屋を商っていた細川家住宅を改修した、歴史文化館。家屋は江戸時代末期の建築で、唐破風つきの看板が目を引く。(開)＝10:00〜16:00／㊡＝月・火曜、12月15日〜1月15日／(¥)＝300円／☎0745-83-3988

6 森野旧薬園

享保年間に開かれた日本最古の薬草園。園内には約250種の薬草が栽培されており、四季折々、可憐な花を咲かせる。建物は建築当時の面影を残す。(開)＝9:00〜17:00／㊡＝不定休／(¥)＝300円／☎0745-83-0002

START 道の駅宇陀路大宇陀 → (国道クルマ注意) 0.7km 5分 → ① かぎろひの丘万葉公園 → (田舎道) 1.7km 15分 → ② 松山西口関門 → 0.6km 5分 → ③ うだ・アニマルパーク → 2.1km 15分 → ④ 春日門跡 → (きれいな町並み) 0.1km 5分 → ⑤ 大宇陀歴史文化館「薬の館」 → 0.4km 5分 → ⑥ 森野旧薬園 → (国道クルマ注意) 1.0km 10分 → 道の駅宇陀路大宇陀 GOAL

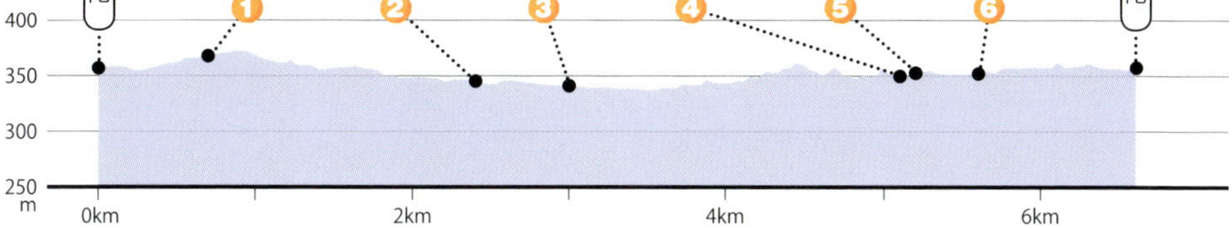

INFORMATION
大宇陀のメインストリートである国道166号の横断時以外、クルマの交通量はどこも比較的少なく走りやすい。道の駅で借りられるレンタサイクルはいわゆるママチャリだが、散策のアシとしては十分。

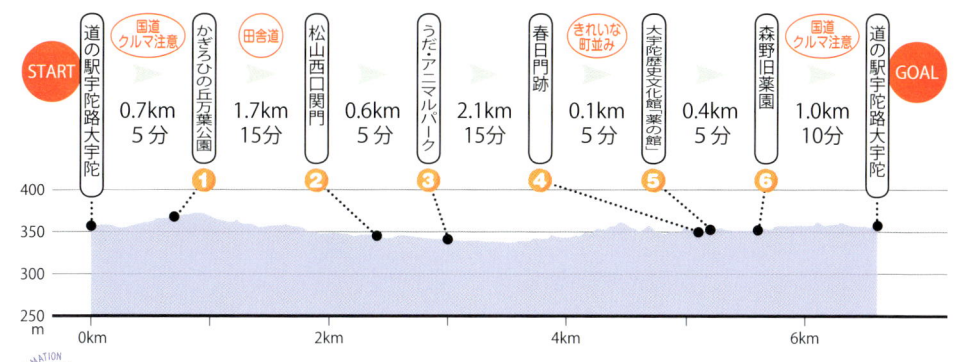

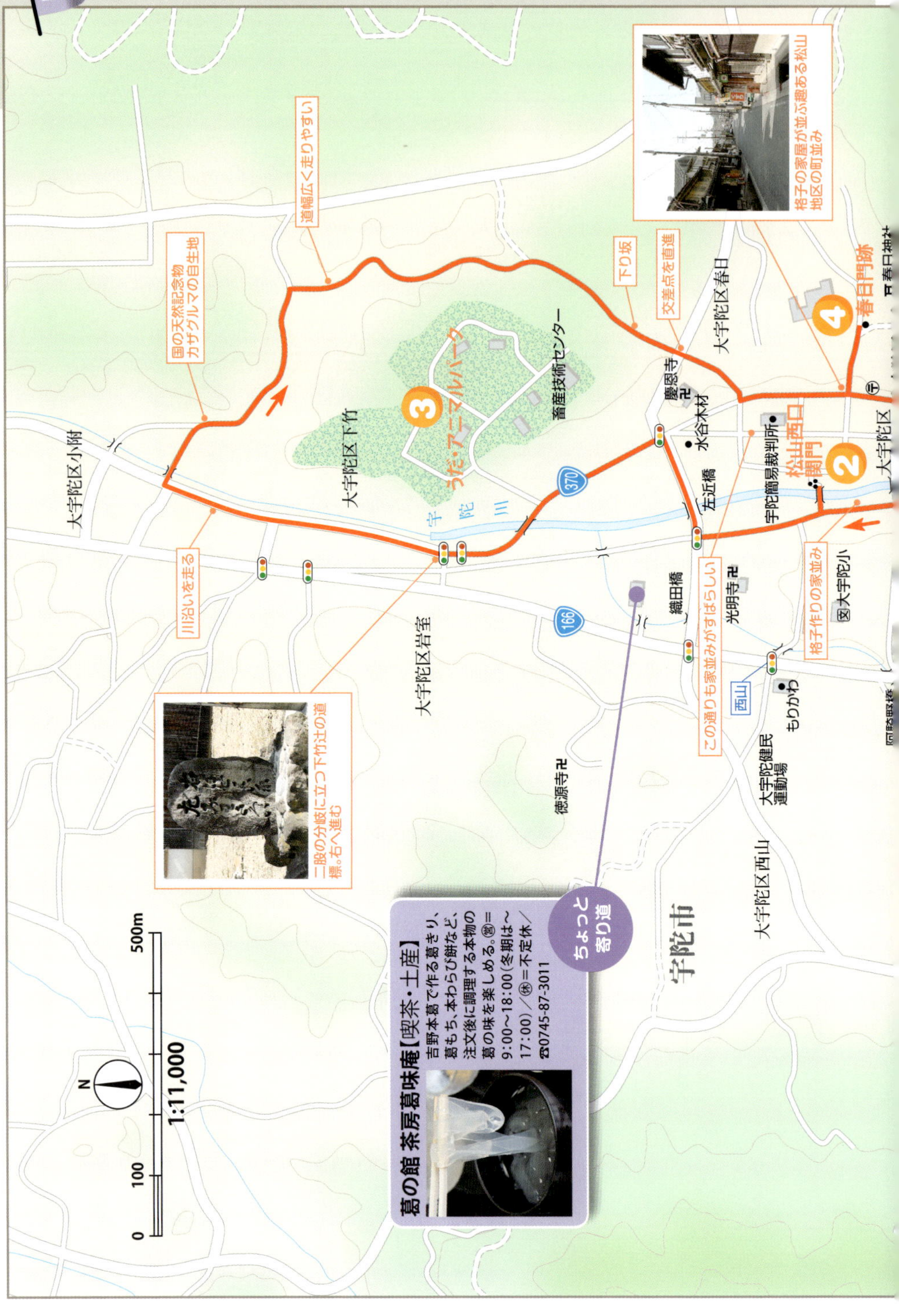
道幅広く走りやすい
国の天然記念物
カザグルマの自生地
下り坂
交差点を直進
格子の家屋が並ぶ趣ある松山
地区の町並み
大宇陀区春日
春日門跡
春日神社
慶恩寺
水谷木材
畜産技術センター
うだ・アニマルパーク
大宇陀区下竹
大宇陀区小附
宇陀川
370
左近橋
宇陀簡易裁判所
松山西口
関門
大宇陀区
川沿いを走る
この通りも家並みがすばらしい
格子作りの家並み
大宇陀小
織田橋
光明寺
166
西山
もりかわ
大宇陀区岩室
二股の分岐に立つ下竹辻の道
標。右へ進む
徳源寺
大宇陀健民
運動場
大宇陀区西山
宇陀市
ちょっと
寄り道
葛の館 茶房葛味庵【喫茶・土産】
吉野本葛で作る葛きり、葛もち、本わらび餅など、注文後に調理する本物の葛の味を楽しめる。㊐=9:00～18:00（冬期は～17:00）／㊡=不定休／☎0745-87-3011
N
0
100
500m
1:11,000

大宇陀歴史文化館「薬の館」5
万法寺
まちなみギャラリー石景庵
大宇陀高
横断時、クルマに注意
緩い下り坂
本郷川
川に沿って走る
天益寺
大宇陀区迫間
大宇陀区中新
法正寺
神楽岡神社
江戸時代の趣きのある町並み
長隆寺
トイレあり
阿紀神社
1 かぎろひの丘万葉公園
柿本人麻呂万葉歌碑
大宇陀区上新
6 森野旧薬園
笹峠
クルマに注意
川の一帯では夏になるとゲンジボタルが舞う
まちづくりセンター「千軒舎」
阿紀神社への案内あり
大宇陀中
START
GOAL
拾生
166
阿騎野・人麻呂公園
大宇陀体育館
かぎろひの丘への案内あり
花見のシーズンは大混雑
道の駅宇陀路大宇陀
久保本家酒造
大宇陀区出新
大宇陀区中庄
大願寺へはきつい上り坂
大願寺
柿本人麻呂の像が立つ
宇陀市文化会館
大宇陀区万六
芳木酒造
大宇陀区本郷
大宇陀ふれあい交流ドーム
軒先には酒林が吊るされている
大宇陀区拾生
神戸橋
大宇陀幼稚園
万六
219
道の駅宇多路大宇陀レンタサイクル
営＝9:00〜17:00／休＝無休／¥＝1日500円
大宇陀保健センター
特養老人ホームラガール
370
大宇陀区黒木
町の境界を示す一本松の跡地。右折して道の駅へ

まちの雑学

本郷の瀧桜。樹齢300年ともいわれるシダレザクラで、戦国武将後藤又兵衛の伝説から又兵衛桜と呼ばれ親しまれている。樹高13m、幹周りは3mに及ぶ。見ごろは4月上旬〜中旬。

ちょっと寄り道

アナンダ【パン】

国道370号沿いの古い町家を改装したパンとフランス菓子の店。クロワッサンやショコラ、バゲットなど、どれも味わい深いパンばかり。営＝9:00〜17:00／休＝火・水曜／☎050-1078-0616

京都・奈良 サイクリングロード

京都八幡木津自転車道線（桂川サイクリングロード）

嵐山東公園。嵐山から約2km地点

起点／京都市西京区嵐山
終点／木津川市木津
距離／約45.0km

桂川および木津川に沿って、嵐山と木津を結ぶ。沿道には松尾大社や岩清水八幡宮、酬恩庵（一休寺）などの名所旧跡が点在する。起点、終点が鉄道の駅に近いので輪行にも便利。

奈良西ノ京斑鳩自転車道線
（奈良自転車道）

起点／奈良市東向中町
終点／斑鳩町大字法隆寺
距離／約21.9km
近鉄奈良駅と法隆寺をつなぐ自転車道で、周辺には興福寺、東大寺、唐招提寺など世界遺産が目白押し。平城宮跡の広々とした野原のなかをも走り抜ける。

車道並走の交差点などには案内板が立つ

大和郡山田原本橿原自転車道線
（大和中央自転車道）

起点／大和郡山市額田部南町
終点／橿原市久米町
距離／約21.2km
浄化センター公園から近鉄橿原神宮前駅までを飛鳥川に沿ってつなぐ。江戸時代の町並みがそのまま残る今井町などに立ち寄りながら橿原神宮を目指そう。

大和八木駅近く。飛鳥川のサクラ並木

明日香大和郡山自転車道線
（飛鳥葛城自転車道）

起点／明日香村島庄
終点／大和郡山市小泉町
距離／約30.0km
明日香村の石舞台古墳から大和郡山市の慈光院まで至り、奈良自転車道や大和中央自転車道にもつながる。明日香村ではレンタサイクルも利用できる。

葛城川。遠くの景色もよく見える

これがあればもっと楽しくなる

快適サイクリングギア

走りやすいウエアやメンテナンスのための道具があると、自転車はもっと楽しくなる。
安全のためのヘルメットやライト、盗難防止のロックは必需品だ。
最初にそろえたい自転車の基本アイテムを紹介。

【WEAR】

ヘルメット

重量は300gほどで非常に軽量。また、通気性に優れている。頭のサイズに合わせて選ぼう。

ジャケット

コンパクトに収納できる薄手のジャケットがあると、急な天候の変化や寒さに対応できる。

グローブ

手のひらに衝撃吸収用のパッドが入っており、疲労を軽減してくれる。転倒時の保護にも。

サングラス

日差しやホコリから目を保護する。光りの変化に左右されにくいレンズはピンクやイエロー。

パンツ

裾が邪魔にならない七分丈パンツがおすすめ。速乾性があるストレッチ素材の動きやすいものを。

ソックスバンド

裾がチェーンに触れてペダリングを邪魔したり、汚れたりしないようにするための裾止め。

【PARTS】

ライト

フロントはクリア、リアはレッド。常時点灯と点滅の切り替えができる。

サドルバッグ

サドルに取付ける小型のバッグ。携帯工具や予備のチューブを入れるのに便利。

【MAINTENANCE】

アーレンキー
いわゆる六角レンチである。自転車のネジのほとんどに対応する。多用するのは4、5、6mm。

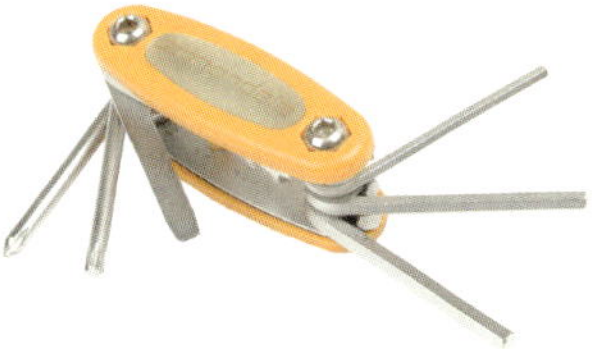

マルチツール
メンテナンスに必須のアーレンキーやドライバーなどをコンパクトに一体化したツール。

ペダルレンチ
ペダルを外すための専用のレンチ。自転車を収納したり、輪行したりするときにあると便利。

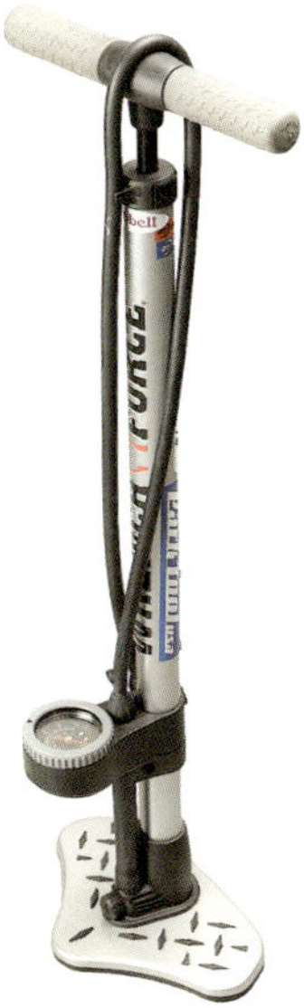

フロアポンプ
タイヤに空気を入れるポンプ。空気圧が分かるメーターつきのスポーツバイク用を選ぼう。

パンク修理キット
パッチ、ゴム糊、タイヤレバーなど、パンクしたときに修理するためのアイテム一式。

携帯ポンプ
走行中のパンクに対処するための小型空気入れ。携帯ポンプで空気を入れるのは慣れないとちょっと大変だ。

スタンド
スポーツバイクにはスタンドがついていないものが多い。自宅で保管するときなどに使う。

ボトル&ボトルケージ
ケージを装着してドリンクを入れたボトルを差しておけば、いつでも水分補給が可能だ。

サイクルコンピューター
スピードや走行距離、走行時間などを計測できるメーター。走りをグッと楽しくする。

ロック
盗難から自転車を守るロック。ワイヤーがある程度長いほうが巻きつけやすい。

散走を安全快適に

自転車に乗る前にチェックしよう

**タイヤの空気圧が適正じゃないとペダリングが重くなるし、パンクもしやすい。
ネジの緩みやブレーキの摩耗は、大きなトラブルにもなりかねない。
安全に気持ちよく走るために、乗車前には自転車の各部をチェックしよう。**

【タイヤとホイールのチェック】

タイヤの摩耗

タイヤの摩耗やキズ、パンクの原因になるような異物が刺さっていないかなどを見る。

ホイールの点検

ホイールを持ち上げて回転させ、異音やガタつき、左右の振れなどがないかを確認する。

クイックリリース

ホイールを固定するクイックリリースがきちんと締まっているか。レバーの向きにも注意。

【空気圧のチェック】

1

タイヤサイドに適正な空気圧が書いてあるので、まずはそれを確認。

2

バルブにフロアポンプを差し込むと、メーターに空気圧が表示される。

3

空気圧が足りなければ適性値になるまでポンピングして空気を入れる。

4

適正な空気圧まで入ったことを確認したらフロアポンプを抜いて完了。

【ブレーキのチェック】

ブレーキシュー
ブレーキシューには溝が刻まれている。この溝が浅くなってきたら交換。早めの交換を心がけよう。

ブレーキレバー
ブレーキレバーを握ったときに引っ掛かりなど、動作に不具合がないか。レバーの遊びは適正か確認する。

遊びの調整
ある程度のレバーの遊びは、アジャスターでワイヤーを張ることにより調整できる。

【サドルのチェック】

サドルの緩み
サドルの前後をしっかり持って回してみる。動くようだとネジが緩んでいるので増し締め。

増し締め
サドルに緩みがあれば、シートピラーの固定部と、サドルの真下にあるクランプのネジをしっかり締める。

サドルの調整
サドルが自転車の進行方向に対して真っ直ぐになっているかチェック。高さも合わせよう。

【ハンドルのチェック】

ハンドルの緩み
フロントタイヤを両足で挟んで固定し、ハンドルを左右に動かしてガタなどがないか確認。

増し締め
ハンドルの固定部に緩みがあったら、ヘッドやステムのネジをアーレンキーで増し締め。

ヘッドのガタ
ハンドルがスムーズに回るかチェック。引っ掛かりやガタつき、異音があったら問題。自転車店へ。

知っていれば役に立つ

自転車メンテナンスの基本

**自転車に長く快適に乗るためにも、覚えておきたい基本的なメンテナンス。
タイヤの空気の入れ方やホイールの脱着、ペダルの外し方など、
コツをつかめば作業もスムーズ。パンク修理や輪行にも役立つ。**

【タイヤに空気を入れる・仏式】

※バルブには英式、米式、仏式があるが、
ここではスポーツバイクに多い仏式を解説。

1

ネジを緩める

仏式は先端がネジになっているので、反時計回りに回して全開にする。

2

先端をプッシュ

バルブの先端を指で一度軽く押してエアを抜くと、バルブ内のパッキンが緩み、空気が入りやすくなる。

3

ポンプ装着

タイヤの適正空気圧を確認してから、フロアポンプをバルブに真っ直ぐ差し込み固定する。

4

空気を入れる

規定圧まで空気を入れる。その後、フロアポンプを抜いてバルブのネジを閉める。

【ペダルを外す】

右ペダル

ペダルの脱着にはペダルレンチを使用。右ペダルはレンチを反時計回りに回して外す。

左ペダル

左ペダルは逆ネジになっているので、外すときはレンチを時計回りに回す。

【注油する】

チェーン

オイルが内部に染みるように適量を注油する。飛び散らないようにウエスを添えるとよい。

インナーワイヤー

ブレーキのインナーワイヤーに注油。ほかにディレイラーの可動部などにも行なうといい。

【ホイールの脱着】

●フロントホイール

1

⇩ ブレーキを外す（Vブレーキの場合）

ブレーキ本体からワイヤーを外して、ブレーキシューとホイールにクリアランスを作る。

2

⇩ クイックリリースを外す

クイックリリースを倒し、ナットを反時計回りに回して少し緩めると、ホイールとフォークの固定が解ける。

3

⇩ ホイールを外す

フロントフォークを少し持ち上げ、ホイールを前に転がすと外れる。

4

ホイールを固定

固定はフロントフォークにホイールをはめて、手のひらでクイックリリースを閉める。

●リアホイール

1

⇩ ギアを外側に

リアホイールを外すときはギアを一番外側に入れておく。フロント同様、ブレーキワイヤーを外しておくのも忘れないように。

2

⇩ クイックリリースを外す

クイックリリースを外側に倒して、車体とホイールの固定を解く。

3

⇩ ディレイラーを起こす

ディレイラーを手で起こすように動かすと、自然にホイールが持ち上がる。

4

⇗ ホイールを外す

ギアに掛かっているチェーンを外してホイールを外す。

5

⇩ ホイールをはめる

ホイールをはめるときは、チェーンの間にギアを入れるようにする。

6

⇩ チェーンをギアに掛ける

チェーンを一番外側のギアに掛けて、ホイールを軽く押し込むと車体にはまる。

7

⇩ ホイールを固定

ホイールが車体にはまったら、手のひらを使ってクイックリリースを閉める。

8

ブレーキをはめる

最後にブレーキ本体から外したワイヤーを元に戻して完了。

慣れれば5分でできる

パンク修理

**走行中、最も起こりやすいトラブルがパンクだ。
いざというときのために修理の方法を覚えておこう。
予備チューブ、携帯ポンプ、タイヤレバーを持っていれば大丈夫。落ち着いて対処しよう。**

【チューブ交換】

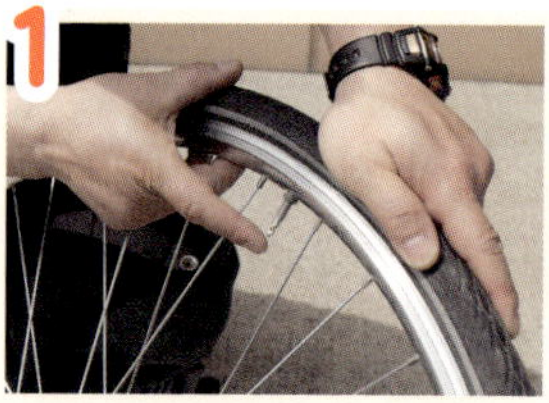

1 空気を抜く

ホイールを外し、仏式バルブは先端のネジを緩めて、可能な限り空気を抜く。

⇩

2 ナットを外す

バルブとリムを固定しているナットを反時計回りに回して緩め、バルブから外す。

⇩

3 レバーを入れる

リムとビードの隙間にタイヤレバーを差し込み、レバーの一端をスポークに掛けて固定する。

⇩

4 二本目を入れる

一本目のタイヤレバーから10cmほど離れた場所に二本目のレバーを差し込む。

⇗

5 ビードをはがす

さらにレバーを差し込んでビードをはがしていく。ある程度進むと手ではがせるようになる。

⇩

6 チューブを取り出す

ビードがはがれるとホイールからタイヤとチューブが外れる。タイヤの中に収まっているチューブを取り出す。

⇩

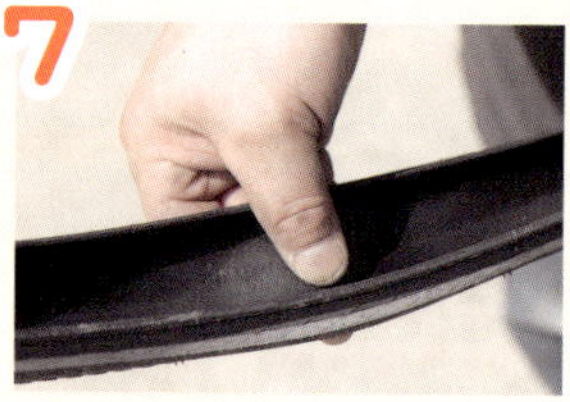

7 タイヤをチェック

チューブをタイヤから取り出したらタイヤの内側を指で軽く触れて、異物などが刺さっていないか確認する。

⇩

8 進行方向確認

タイヤには進行方向があるので、ホイールに装着する前に確認する。

⇗

9

空気を軽く入れる

新しいチューブを用意し、軽く膨らむ程度に空気を入れる。

10

チューブを収める

チューブをタイヤの内側にすっぽりと収める。

11

バルブをリムにはめる

チューブをタイヤに収めたら、バルブをリムのバルブホールに真っ直ぐ差し込む。

12

ビードを収める

バルブの部分からビードをリムに収めていく。手で押し込むと簡単に入る。

13

バルブを軽く押す

ビードがすべて収まったら、バルブをタイヤに軽く押し込み、内部の噛み込みなどを取る。

14

収まりを確認

タイヤにチューブがきちんと収まっているか全周確認する。その後、空気を入れて完了。

【パッチ修理】

1

やすりをかける

チューブを取り出し、パンクしている箇所を見つけたら、周囲に軽く紙やすりをかける。

2

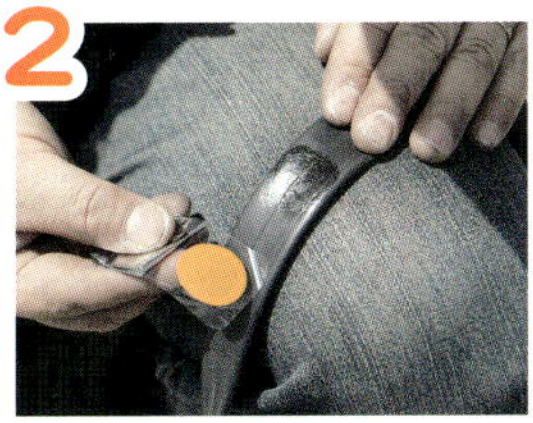

ゴム糊を塗る

ゴム糊を薄く広く塗り、表面が乾いてきたら、パッチの銀紙をはがして貼りつける。

3

パッチを圧着

パッチを指でよく圧着する。その後セロファンをはがし、空気漏れがないか確認して完了。

電車で出かけよう

輪行の方法

自転車はホイールを外すとてもコンパクトになる。輪行袋などに収納すれば、電車などの公共交通機関を使って簡単に持ち運ぶことができる。行動範囲をグッと広げる輪行をマスターしよう。

【輪行袋に自転車を入れる】

※輪行袋によって収納方法が若干異なる。
ここではモンベルの「コンパクトリンコウバッグ」を使用。

1

輪行袋一式

輪行袋本体とショルダーベルト、バンドがセット。収納時は350ml缶ほどの大きさになる。

2

フロントホイールを外す

シートを最も低くしてから車体を逆さまにし、フロントホイールを外す。

3

リアホイールを外す

次にリアホイールを外す。ギアを一番外側に入れておくことを忘れないように。

4

ハンドルを切る

ハンドルは左右どちらかにいっぱいに切っておく。ドロップハンドルの場合も同様。

5

ホイールを置く

車体を挟み込むように前後のホイールを置く。ペダルは水平位置に。

6

ホイールを固定

付属のバンドを使用して、ホイールとフレームを３カ所でしっかりと固定する。

7

ショルダーベルトを結ぶ

ショルダーベルトの一端をボトムブラケット付近（ペダルのつけ根付近）に縛る。

8

一端はヘッドチューブに

ショルダーベルトのもう一端はヘッドチューブ付近（ハンドルのつけ根付近）に。

9

本体に袋を被せる

輪行袋の上下を確認し、車体を包み込むように上から被せる。

10

ショルダーベルトを出す

輪行袋上部中央の穴からショルダーベルトを出し、引っ掛かりなどを整える。

11

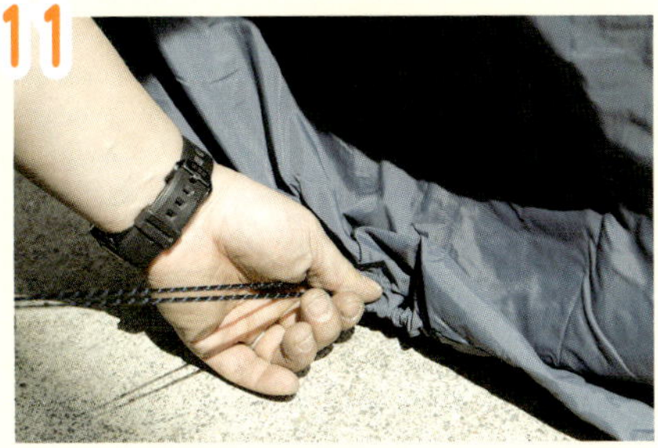

口を閉める

輪行袋下部のドローコードで口を閉める。コードは本体袋のポケットに収納。

12

完成

ショルダーベルトを肩に掛けてみて、必要なら長さを調整する。これで完成。電車などに持ち込める。

STAFF

取材・執筆　和田義弥（スペシャル1、2、コース3、6、8、10、12、16、18、19、21、22、P24、P74、P116～127）

多賀一雄（コース1、2、4、5、7、9、11）

上司辰治（コース13、14、15、17、20）

カバーデザイン　坂井栄一（坂井図案室）

本文デザイン　青木勝弥（スパイスデザインオフィス）

協力　奥野雄亮、小林 誠、西脇千敏、村田恵里佳、和田貴子

写真　阪口　克（P118～127）

永田雅裕（表紙写真、スペシャル1、コース3、6）

取材協力　有限会社京都サイクリングツアープロジェクト

東京サンエス株式会社

株式会社モンベル

http://www.montbell.jp/

モンベル グランベリーモール店

東京都町田市鶴間3-4-1　グランベリーモール内☎042-788-3535

進行　集団漫歩組

地図・DTP制作　㈱千秋社（大槻一恵、細田 晶、小坂智美）

京都《きょうと》・奈良《なら》ぶらり自転車散走《じてんしゃさんそう》

2010年７月10日　初版第１刷発行

著　者　和田義弥《わだよしひろ》、多賀一雄《たがかづお》、上司辰治《かみつかさたつじ》

発行者　増田義和

発行所　実業之日本社

〒104-8233　東京都中央区銀座1-3-9

電　話　03-3535-3361（編集）

03-3535-4441（販売）

実業之日本社ホームページ　http://www.j-n.co.jp/

印刷所　大日本印刷株式会社

製　本　株式会社ブックアート

ISBN978-4-408- 45288-3